会计进阶超简单

代义国 编著

中国宇航出版社
·北京·

版权所有 侵权必究

图书在版编目（CIP）数据

会计进阶超简单／代义国编著. -- 北京：中国宇航出版社，2014.6

ISBN 978-7-5159-0711-6

Ⅰ. ①会… Ⅱ. ①代… Ⅲ. ①会计学 Ⅳ. ①F230

中国版本图书馆 CIP 数据核字（2014）第 120261 号

策划编辑 董 琳　　封面设计 文道思
责任编辑 董 琳　　责任校对 陈晓敏

出版发行 中国宇航出版社

社 址 北京市阜成路 8 号 邮 编 100830
(010) 68768548
网 址 www.caphbook.com
经 销 新华书店
发行部 (010) 68371900 (010) 88530478（传真）
(010) 68768541 (010) 68767294（传真）
零售店 读者服务部 北京宇航文苑
(010) 68371105 (010) 62529336
承 印 北京中新伟业印刷有限公司

版 次 2014 年 6 月第 1 版
2014 年 6 月第 1 次印刷
规 格 787 × 1092
开 本 1/16
印 张 18.5
字 数 405 千字
书 号 ISBN 978-7-5159-0711-6
定 价 36.00 元

本书如有印装质量问题，可与发行部联系调换

前　言

随着社会经济的发展，会计工作在企业管理中发挥的作用越来越重要，各个企业对会计人才的需求量大大增加，会计成为当今的热门职业。但是，会计又是一门学习难、实操难的学科，对于不少学习会计的人和会计从业者来说，想在实际工作中熟练掌握并灵活运用并非那么简单。

不少步入职场的会计从业者都会发现，即使掌握了会计理论知识，也有了一定的工作积累，但是想成为会计高手，想能快速准确地处理经济业务、清晰顺畅地编制财务报表仍然非常困难。因为，经济高速发展下企业业务烦多，课堂教育学到的理论知识与实际工作脱节。虽然满腹理论，但遇到问题时难以快速找到解决方法，这严重地阻碍了广大会计从业者的进阶之路。

本书面向资历较浅、略有会计知识但停留在概念阶段的读者，对会计基础知识进行了梳理和总结，以大量图表化的方式呈现，非常简明、清晰，着重业务操作流程、步骤和要点，实用性强；对经济业务分门别类，列举实务工作中可能遇到的各种情况，提供相应的账务处理方法；介绍了办理某项具体业务所需的资料、证明文件等，提供了会计账前处理的方法，清楚明了，一看即懂；最后两章为凭证、账簿和报表，完整呈现了会计实务的过程和结果，是新会计进阶的好帮手。

本书与其他同类图书不同处，在于特别强调实务的可操作性，力求选材合理、内容丰富、结构新颖、叙述深入浅出，注重操作能力培养，使读者读完本书后，可以熟悉并能独立完成会计工作的日常账务处理流程，并顺利实现会计工作岗位上的能力进阶。

由于时间有限，书中难免会出现不当和疏漏之处，恳请广大读者批评指正。另外，本书为贴近实际，虚构了会计信息中的企业名称、银行账号、纳税人识别号等，如有雷同，纯属巧合，敬请谅解。

作　者
2014 年 6 月

目 录

第一章

会计基础知识

第一节　会计核算基本前提

会计核算也称为会计反映，是向有关方面提供决策所需的会计信息。会计核算基本前提也称为会计基本假设，是企业会计确认、计量和报告的前提，是对会计核算所处时间、空间环境等所作的合理设定。

会计面对的是千变万化的社会经济环境，会计人员在会计核算过程中，面对这些环境，就不得不作出一些合理的假设，对会计核算的对象及其经济环境作出一些基本规定，可以保证会计信息质量，使得会计核算能够正常进行。会计假设既是会计核算的基本依据，也是制定会计准则和会计核算制度的重要指导思想。由会计环境所决定，会计核算基本前提包括会计主体、持续经营、会计分期和货币计量四项内容。

会计核算基本前提的具体内容如表 1－1 所示。

表 1－1　会计核算基本前提的具体内容

会计核算基本前提	定义	具体内容
会计主体	是指会计确认、计量和报告的空间范围	会计主体假设是对会计活动的空间范围作出的假设，明确会计为谁服务，会计必须站在一定的会计主体的立场上开展工作。会计主体不同于法律主体。一般来说，法律主体必然是会计主体，但会计主体不一定是法律主体
持续经营	是指在可以预见的将来，企业将会按当前的规模和状态继续经营下去，不会停业，也不会大规模削减业务	这一假设是对会计活动的时间范围作出的假设。在持续经营前提下，企业进行会计确认、计量和报告应当以持续经营为前提。明确这一基本假设，就意味着会计主体将会按照既定用途使用资产，按照既定的合约条件清偿债务，会计人员就可以在此基础上选择会计政策和估价方法
会计分期	会计分期也叫会计期间假设，是对持续经营这一基本前提的必要补充。会计分期是将企业持续经营的生产经营活动划分为若干连续的、长短相同的期间	在会计分期假设下，会计核算应划分会计期间，分期结算账目和编制财务报告。会计期间通常分为年度和中期。按照《会计法》的规定，我国的会计年度为日历制年度，即每年 1 月 1 日至 12 月 31 日

（续表）

会计核算基本前提	定义	具体内容
货币计量	是指会计主体在会计的确认、计量和报告时以货币计量	在会计的确认、计量和报告过程中选择货币作为基础进行计量，是由货币本身的属性所决定的。货币是商品交换的一般等价物，是衡量一般商品价值的共同尺度，具有价值尺度、流通手段、贮藏手段和支付手段等特点。货币计量反映会计主体的财务状况、经营成果和现金流量

第二节　会计信息质量要求

会计信息质量要求是对企业财务报告中所提供的会计信息质量的基本要求，是使财务报告中所提供的会计信息对投资者等使用者决策有用应具备的基本特征，主要包括可靠性、相关性、可理解性、可比性、实质重于形式、重要性、谨慎性和及时性等。

会计信息质量要求的具体内容如表 1－2 所示。

表 1－2　会计信息质量要求的具体内容

会计信息质量要求	具体内容
可靠性	以实际发生的交易或者事项为依据进行确认、计量，将符合会计要素定义及其确认条件的资产、负债、所有者权益、收入、费用和利润等如实反映在财务报表中，不能以虚构的交易或事项为依据进行会计确认、计量和报告
	在符合重要性和成本效益原则的前提下，保证会计信息的完整性，其中包括应当编报的报表及其附注内容等应当保持完整，不能随意遗漏或者减少应予披露的信息，与使用者决策相关的有用信息都应当充分披露
	企业应当如实反映其所应反映的交易或者事项，包括在财务报告中的会计信息应当是中立的，无偏的
相关性	要求企业提供的会计信息应当与投资者等财务报告使用者的经济决策需要相关，有助于投资者等财务报告使用者对企业过去、现在或者未来的情况作出评价或者预测
可理解性	要求企业提供的会计信息应当清晰明了，便于财务报告使用者理解和使用
可比性	同一企业不同时期发生的相同或者相似的交易或者事项，应当采用一致的会计政策，不得随意变更。满足会计信息使用者了解企业财务状况、经营成果和现金流量的变化趋势，能够全面、客观地评价过去，预测将来
	不同企业发生的相同或者相似的交易或者事项，应当采用规定的会计政策，确保会计信息口径一致、相互可比。这主要是为了将会计信息建立在标准化核算的基础上，形成统一语言，以便于使用者评价不同企业的财务状况、经营成果和现金流量的水平
实质重于形式	要求企业应当按照交易或事项的经济实质进行会计确认、计量和报告，而不应仅仅以交易或事项的法律形式为依据。遵照实质重于形式，体现了对经济实质的尊重，能够保证会计信息与客观经济事实相符

（续表）

会计信息质量要求	具体内容
重要性	要求企业提供的会计信息应当反映与企业财务状况、经营成果和现金流量有关的所有重要交易或者事项。重要性的应用依赖于职业判断，企业应根据其所处环境和实际情况，从项目的性质和金额大小两方面来判断其重要性
谨慎性	要求企业对交易或者事项进行会计确认、计量和报告应当保持应有的谨慎，不应高估资产或者收益、低估负债或者费用
及时性	要求企业对于已经发生的交易或者事项，应当及时进行会计确认、计量和报告，不得提前或者延后

第三节　会计要素

会计要素是根据交易或者事项的经济特征对所确定的财务会计对象的基本分类。会计要素分为两大类，一是反映企业财务状况的会计要素，二是反映企业经营成果的会计要素。其中前者包括资产、负债和所有者权益三个要素，后者包括收入、费用和利润三个要素。会计要素的界定和分类可以使财务会计系统更加科学严密，并可为使用者提供更加有用的信息。

会计要素的具体内容如表 1－3 所示。

表 1－3　会计要素的具体内容

要素	定义	特征	确认条件	分类
资产	指企业过去的交易或者事项形成的、由企业拥有或者控制的、预期会给企业带来经济利益的资源	资产预期会给企业带来经济利益	与该资源有关的经济利益很可能流入企业	流动资产： 货币资金 交易性金融资产 应收及预付款项 存货等
		资产是为企业拥有或者控制的		
		资产是由过去的交易或者事项形成的	该资源的成本或者价值能够可靠地计量	非流动资产： 长期股权投资 固定资产 无形资产等
负债	指企业过去的交易或者事项形成的、预期会导致经济利益流出企业的现时义务	是企业承担的现时义务	与该义务有关的经济利益很可能流出企业	流动负债： 短期借款 交易性金融资产 应付及预收款项
		是由企业过去的交易或事项形成的		
		预期会导致经济利益流出企业	未来流出的经济利益的金额能够可靠地计量	非流动负债： 长期借款 应付债券 长期应付款等

（续表）

<table>
<tr><th>要素</th><th>定义</th><th>特征</th><th>确认条件</th><th>分类</th></tr>
<tr><td rowspan="3">所有者权益</td><td rowspan="3">是指企业资产扣除负债后，由所有者享有的剩余权益</td><td>随投资人的投资行为产生。所有者投资所形成的资产可供企业长期使用，其出资在企业依法登记后，不得随意抽回</td><td rowspan="3">所有者权益体现的是所有者在企业中的剩余权益，因此，所有者权益的确认主要依赖于其他会计要素，尤其是资产和负债的确认</td><td rowspan="3">实收资本（股本）
资本公积
盈余公积
本年利润
利润分配
未分配利润</td></tr>
<tr><td>所有者以出资份额享有获取企业利润的权益，同时也以出资额为限承担企业的经营风险</td></tr>
<tr><td>所有者权益仅表示所有者对企业净资产要求权，当企业破产清算时其求偿权位于负债之后</td></tr>
<tr><td rowspan="3">收入</td><td rowspan="3">收入是指企业在日常活动中形成的，会导致所有者权益增加的、与所有者投入资本无关的经济利益的总流入</td><td>是企业在日常活动中形成的。日常活动是指企业为完成其经营目标所从事的经常性活动以及与之相关的活动</td><td>与收入相关的经济利益很可能流入企业</td><td rowspan="2">主营业务收入，是指企业销售产品、提供劳务及让渡资产使用权等主要经营业务活动而取得的收入</td></tr>
<tr><td>会导致经济利益的流入，该流入不包括所有者投入的资产</td><td>经济利益流入企业的结果会导致企业资产的增加或者负债的减少</td></tr>
<tr><td>会导致所有者权益增加</td><td>经济利益的流入额能够可靠地计量</td><td>其他业务收入，是指企业除主营业务收入以外的其他销售业务或其他附带经营业务的收入</td></tr>
</table>

（续表）

要素	定义	特征	确认条件	分类
费用	指企业在日常活动中发生的、会导致所有者权益减少、与向所有者分配利润无关的经济利益的总流出	是企业在日常活动中形成的	与费用相关的经济利益应当很可能流出企业	生产成本，包括企业在一定期间为生产一定数量和种类的产品所发生的费用
		是与向所有者分配利润无关的经济利益的流出	经济利益流出企业的结果会导致资产的减少或者负债的增加	期间费用，包括管理费用、财务费用和销售费用
		费用会导致所有者权益的减少	经济利益的流出额能够可靠计量	
利润	是指企业在一定会计期间的经营成果	企业利润集中反映生产经营活动各方面的业绩，表明企业盈亏的情况，是企业最终的财务成果，也是衡量企业生产经营管理的重要综合指标	利润反映的是收入减去费用、利得减去损失后的净额，因此利润的确认主要依赖于收入和费用以及利得和损失的确认，其金额的确定也主要取决于收入、费用、利得和损失金额的计量	营业利润
				利润总额
				净利润

第四节　会计等式

会计等式也称为会计恒等式或会计平衡公式，是指在会计核算中反映各个会计要素之间数量关系的等式。会计等式如图 1－1 所示。

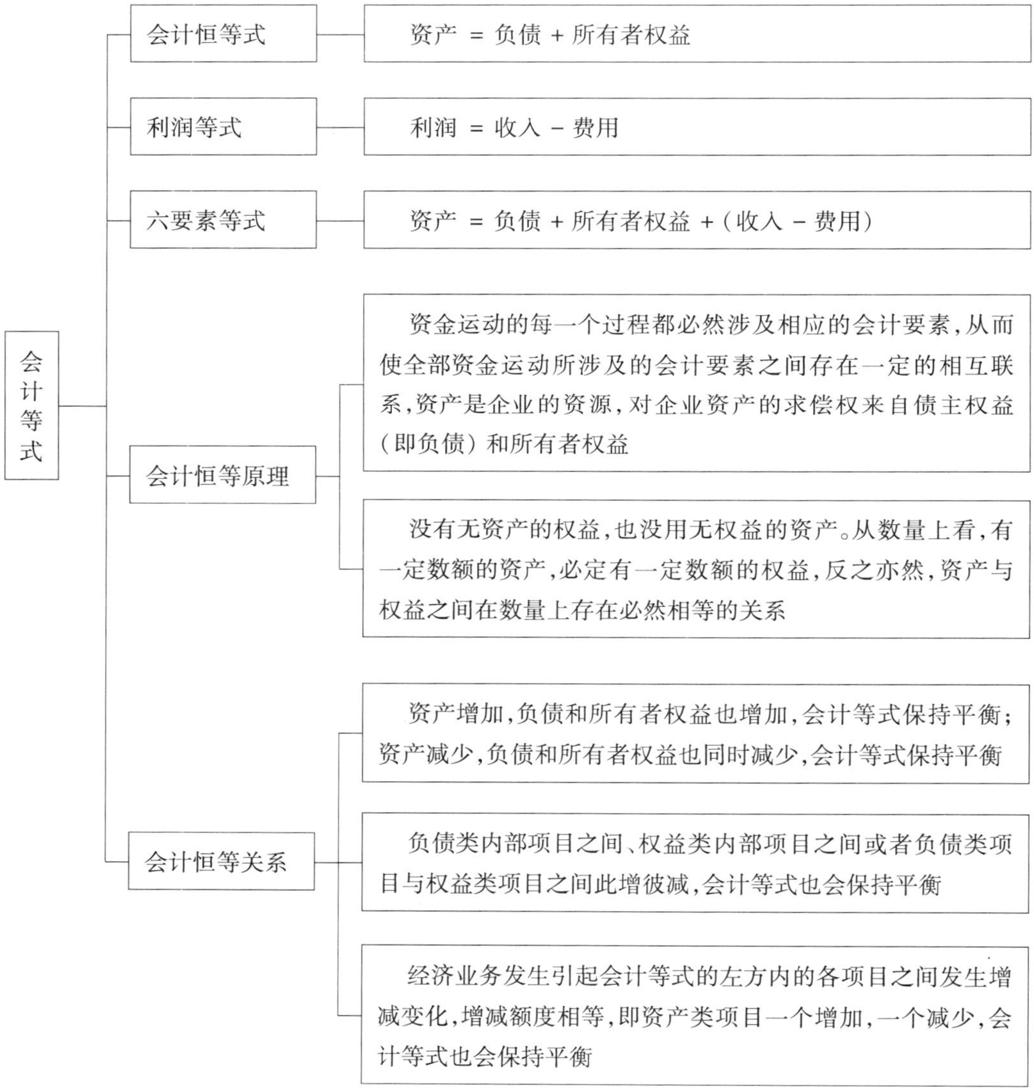

图 1－1　会计等式

第五节 会计科目与账户

会计科目是指对会计对象的具体内容(即会计要素)进行分类核算的标志或项目,它是设置账户、处理账务所必须遵守的规则和依据,是正确组织会计核算的一个基本条件。

企业会计人员应当掌握我国企业常用的会计科目,只有这样才能更好地分析企业各个经济要素的增减变化以及这些增减变化所反映的市场信息以及企业经营情况,从而在工作中更好地进行决策。

一、会计科目的内容

我国《企业会计准则——应用指南》提供了会计科目设置的指引,每个会计科目都有一个固定的编号。在实务操作中,企业可以只填写会计科目不写编号,也可以同时填写会计科目和编号,但不能只写编号,不写会计科目。

目前,我国企业会计科目按照经济内容一般分为资产类会计科目、负债类会计科目、所有者权益类会计科目、成本类会计科目和损益类会计科目。如表 1-4 所示。

表 1-4 会计科目

顺序号	编号	会计科目名称	顺序号	编号	会计科目名称
	一	资产类	17	1406	发出商品
1	1001	库存现金	18	1408	委托加工物资
2	1002	银行存款	19	1411	周转材料
3	1012	其他货币资金	20	1461	存货跌价准备
4	1101	交易性金融资产	21	1501	持有至到期投资
5	1121	应收票据	22	1502	持有至到期投资减值准备
6	1122	应收账款	23	1503	可供出售金融资产
7	1123	预付账款	24	1511	长期股权投资
8	1131	应收股利	25	1512	长期股权投资减值准备
9	1132	应收利息	26	1521	投资性房地产
10	1221	其他应收款	27	1531	长期应收款
11	1231	坏账准备	28	1532	未实现融资收益
12	1401	材料采购	29	1601	固定资产
13	1402	在途物资	30	1602	累计折旧
14	1403	原材料	31	1603	固定资产减值准备
15	1404	材料成本差异	32	1604	在建工程
16	1405	库存商品	33	1605	工程物资
			34	1606	固定资产清理

（续表）

顺序号	编号	会计科目名称	顺序号	编号	会计科目名称
35	1701	无形资产	60	3001	实收资本
36	1702	累计摊销	61	3002	资本公积
37	1703	无形资产减值准备	62	3101	盈余公积
38	1711	商誉	63	3103	本年利润
39	1801	长期待摊费用	64	3104	利润分配
40	1811	递延所得税资产	65	3201	库存股
41	1901	待处理财产损溢		四	成本类
	二	负债类	66	4001	生产成本
42	2001	短期借款	67	4101	制造费用
43	2101	交易性金融负债	68	4201	劳务成本
44	2201	应付票据	69	4301	研发支出
45	2202	应付账款		五	损益类
46	2205	预收账款	70	5001	主营业务收入
47	2211	应付职工薪酬	71	5051	其他业务收入
48	2221	应交税费	72	5101	公允价值变动损益
49	2231	应付利息	73	5111	投资收益
50	2232	应付股利	74	5301	营业外收入
51	2241	其他应付款	75	5401	主营业务成本
52	2401	递延收益	75	5402	其他业务支出
53	2501	长期借款	77	5403	营业税金及附加
54	2502	应付债券	78	5601	销售费用
55	2701	长期应付款	79	5602	管理费用
56	2702	未确认融资费用	80	5603	财务费用
57	2711	专项应付款	81	5701	资产减值损失
58	2801	预计负债	82	5711	营业外支出
59	2901	递延所得税负债	83	6801	所得税费用
	三	所有者权益类	84	6901	以前年度损益调整

二、账户

账户是根据会计科目开设的用来记录会计科目所反映的经济内容的具有一定格式的账页。会计科目是对会计要素的具体内容进行的分类，但是如果只有分类的名称，而没有一定的格式，就不能把发生的经济业务连续、系统地记录下来，账户的设置很好地解决了这一问题。例如，企业为了核算存货中的“原材料”——反映原材料的增减变动及结存情况，就要依据我国《企业会计准则——应用指南》中规定的“原材料”会计科目，设置“原材料”

账户。

一般来说，账户的设计包括以下内容：账户的名称、日期和凭证号数、摘要、增加和减少的金额、余额。账户基本结构如表 1 –5 所示。

表 1 –5　账户基本结构

账户名称（会计科目）

20××年		记账凭证		摘要	借方	贷方	借或贷	余额
月	日	种类	号数					

为了工作方便，把账户简化成“T”字形，如图 1 –2 所示。

图 1 –2　账户的简化结构

第六节 借贷记账法

借贷记账法的具体内容如表 1 –6 所示。

表 1 –6 借贷记账法

定义	是以“借”和“贷”为记账符号，以“有借必有贷，借贷必相等”为记账规则的一种复式记账方法
内容	借贷记账法以“借”和“贷”作为记账符号，“借”“贷”本身没有任何意义，只是会计上的一个记账符号
	在借贷记账法下，账户的基本结构是：左方为借方，右方为贷方，但是哪一方登记增加或减少，则要根据账户的具体性质而定
	借贷记账法的记账规则是“有借必有贷，借贷必相等”
	试算平衡是根据借贷记账法的记账规则和“资产 = 负债 + 所有者权益”的平衡关系，通过对本期账户所记录数据进行计算和比较，以检查账户登记是否正确的一种方法，包括发生额平衡法和余额平衡法两种方法

第七节　会计凭证

会计凭证的定义及分类如图 1－3 所示。

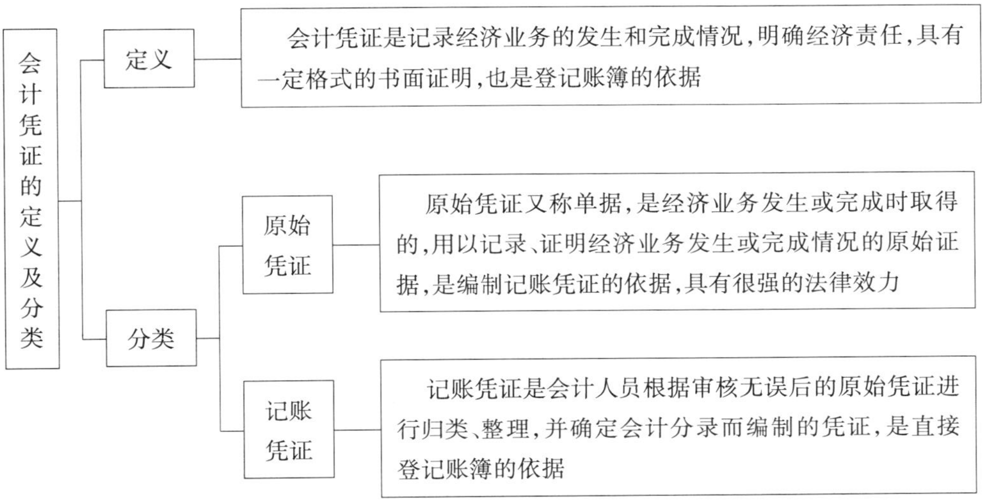

图 1－3　会计凭证的定义及分类

一、原始凭证

1. 原始凭证的分类

原始凭证的分类如图 1－4 所示。

2. 原始凭证的填制

（1）原始凭证的基本要素。

原始凭证的基本要素如表 1－7 所示。

（2）原始凭证的填制要求。

为了保证原始凭证能够正确、及时、清晰地反映各项经济业务活动的真实情况，提高会计核算的质量并真正具备法律效力，原始凭证必须严格按要求填写。原始凭证的填制要求如表 1－8 所示。

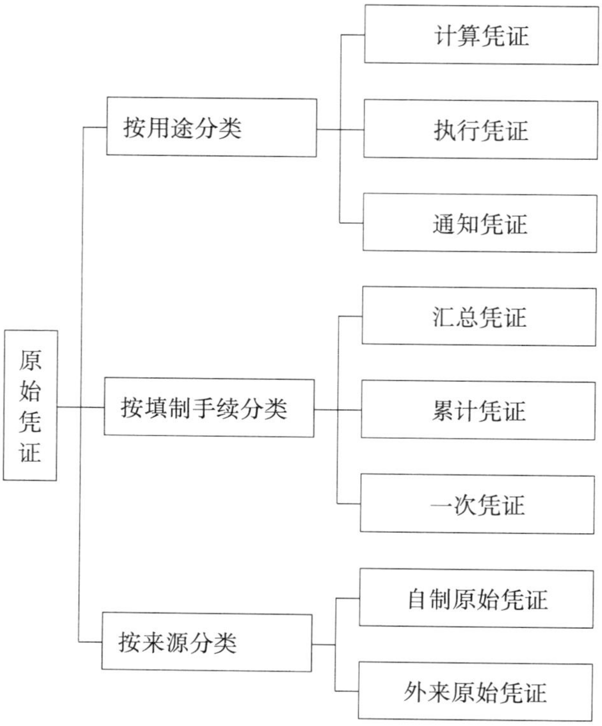

图 1－4　原始凭证的分类

表 1－7　原始凭证的基本要素

名称	要素名称
原始凭证的基本要素	原始凭证的名称，如收据、银行结算凭证、增值税专用发票等
	原始凭证的填制日期和编号
	填制凭证单位的名称及公章或专用章
	经办人员或责任人的签名或盖章
	接受凭证单位的名称
	经济业务的内容
	经济业务的数量、计量单位、单价和金额

表 1－8　原始凭证的填制要求

要求	具体内容
记录真实	原始凭证的填制，要由填制人或经办人根据经济业务的实际执行和完成情况填写，不得伪造和变造
手续齐全	单位自制的原始凭证必须由经办业务的部门和人员签名盖章，对外开出的原始凭证必须加盖单位公章等。从外部取得的原始凭证，必须盖有填制单位的公章

（续表）

要求	具体内容
内容完整	原始凭证填制的内容必须完整、齐全。凭证的填制日期、经济业务的内容、数量、金额都必须认真填写，不得遗漏
填制及时	各种原始凭证必须及时填写并按规定的程序及时送交财务部门，由财务部门加以审核并据以编制记账凭证

(3)原始凭证的书写规范。

原始凭证的书写规范如表 1－9 所示。

表 1－9　原始凭证的书写规范

名称	具体内容
原始凭证的书写规范	原始凭证上的文字，要按规定书写，字迹要工整、清晰，易于辨认，不得使用未经国务院颁布的简化字。合计的小写金额前要冠以人民币符号“￥”，人民币符号“￥”与阿拉伯数字之间不得留有空白
	所有以元为单位的阿拉伯数字，除表示单价等情况外，一律填写到角分，无角分的，角和分位要以“00”补位或用符号“－”；有角无分的，分位写“0”，不得用符号“－”
	汉字大写金额数字，一律用正楷字或行书字书写，如壹、贰、叁、肆、伍、陆、柒、捌、玖、拾、佰、仟、万、亿、元(圆)、角、分、零、整(正)。大写金额最后为“元”的应加写“整”(或“正”)字断尾
	阿拉伯数字金额中间有“0”时，汉字大写金额要写“零”字，如￥1 408.50，汉字大写金额应写成“人民币壹仟肆佰零捌元伍角”；阿拉伯数字金额中间连续有几个“0”时，汉字大写金额中可以只写一个“零”字，如￥4 006.23，汉字大写金额应写成“人民币肆仟零陆元贰角叁分”
	阿拉伯数字金额元位是“0”，或者数字中间连续有几个“0”，元位也是“0”，但千位、角位不是“0”时，汉字大写金额中可以只写一个“零”字，也可以不写“零”字。如￥1 680.23，汉字大写金额应写成“人民币壹仟陆佰捌拾元零贰角叁分”或者写成“人民币壹仟陆佰捌拾元贰角叁分”；又如￥1 400.16，汉字大写金额应写成“人民币壹仟肆佰元零壹角陆分”或者写成“人民币壹仟肆佰元壹角陆分”
	阿拉伯数字金额角位是“0”，而分位不是“0”时，汉字大写金额“元”后面应写“零”字，如￥17 308.03，应写成“人民币壹万柒仟叁佰零捌元零叁分”

原始凭证记载的各项内容均不得涂改。原始凭证有错误的应当由出具单位重开或者更正，更正处应当加盖出具单位的印章。对于支票等重要的原始凭证若填写错误，一律不得在凭证上更正，应按规定的手续注销留存，另行填写。

3. 原始凭证的审核

为了保证原始凭证内容的真实性和合法性，防止不符合填制要求的原始凭证影响会计信息的质量，必须由财务部门对一切外来的和自制的原始凭证进行严格的审核。原始凭证的审核内容如表 1－10 所示。

表 1－10　原始凭证的审核

名称	内容	内涵	具体说明
原始凭证的审核	合法性审核	主要是指审查原始凭证是否符合国家的有关政策、法令、制度，有无违法乱纪行为，有无违反计划、预算、费用的开支标准等情况	对于营私舞弊、伪造凭证、弄虚作假、虚报冒领等不法行为，应拒绝办理；有必要的话，还应扣下凭证，报请有关人员和部门予以处理
	正确性审核	主要是指审核原始凭证上反映的经济业务是否是本来面貌，有无掩盖、歪曲的情况	审查原始凭证的填制方法和数字的计算是否正确；摘要是否填写清楚；日期是否真实；有无刮擦、挖补、涂改或伪造原始凭证等，对于有差错的原始凭证，应退回给经办人员予以更正
	完整性审核	主要是指审查原始凭证的各项目是否按规定填写齐全，内容是否完整，手续是否完备，有关人员是否都已签章，字迹是否工整	对于不完整的原始凭证，不予受理，退回给有关人员，按原始凭证的填制要求，更正错误，补办有关手续

二、记账凭证

1. 记账凭证的分类

记账凭证的分类如图 1－5 所示。

2. 记账凭证的填制

(1) 记账凭证的基本要素。

记账凭证的基本要素如表 1－11 所示。

(2) 记账凭证的填制要求。

记账凭证的填制要求如表 1－12 所示。

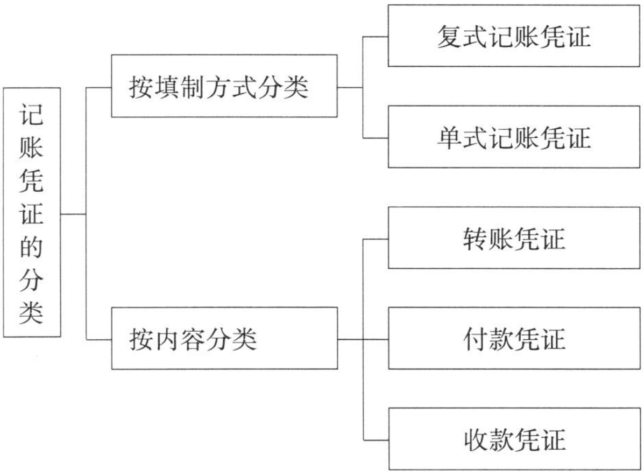

图 1－5　记账凭证的分类

表 1－11　记账凭证的基本要素

名称	内容
记账凭证的基本要素	记账凭证的名称：如“收款凭证”“付款凭证”“转款凭证”
	填制记账凭证的日期：收款凭证和付款凭证的日期要按货币资金的实际收入日期、实际付出日期填写；转账凭证的日期可以按收到的原始凭证的日期填写，也可按编制记账凭证的日期填写
	记账凭证的编号
	经济业务摘要：摘要是对经济业务的简要说明
	经济业务所涉及的会计科目及其记账方向
	金额：必须计算准确，书写清楚，符合要求
	所附原始凭证张数

表 1－12　记账凭证的填制要求

具体要求	详细说明
凭证摘要简明	记账凭证的摘要栏要用简明的语句概括经济业务内容的要点，便于查阅凭证登记账簿
记账凭证金额与原始凭证金额保持一致	合计金额前应填写人民币符号“￥”，不是合计数字前不写人民币符号。涉及科目较多，需填写多张记账凭证的，只在最后一张记账凭证的合计栏填写合计金额
凭证连续编号	一张记账凭证只能够填写一个分录，当一个分录需要两张以上的凭证时，可采用分数编号的方法，如：1/2，2/2

（续表）

具体要求	详细说明
附件齐全	除结账和更正错误的记账凭证可以不附原始凭证外，其他记账凭证都必须附有原始凭证。如果一张原始凭证涉及几张记账凭证，可将原始凭证附在一张主要的记账凭证后面，在其他记账凭证上注明“原始凭证×张附于第×号凭证之后”
不能跳行或留余行	如有空行，应在金额栏划斜线或“S”形线注销。划线从金额栏最后一笔金额数字下面的空行划到合计数的上一行

3. 记账凭证的审核

记账凭证的审核内容如表 1－13 所示。

表 1－13　记账凭证的审核内容

记账凭证的审核内容	审核记账凭证是否附有原始凭证，手续是否完备，所记载的经济业务内容是否与所附原始凭证内容相符
	会计科目是否使用正确，明细科目名称与内容是否前后一致，金额是否准确无误
	审核、填制、出纳等有关人员是否签名盖章
	对记账凭证上各个项目，不仅要从形式上检查填制的完整性和正确性，还应从政策上对有关业务的合法性与合理性进行实质性的检查

三、会计凭证的装订

会计凭证的装订如图 1－6 所示。

四、会计凭证的传递

会计凭证的传递如图 1－7 所示。

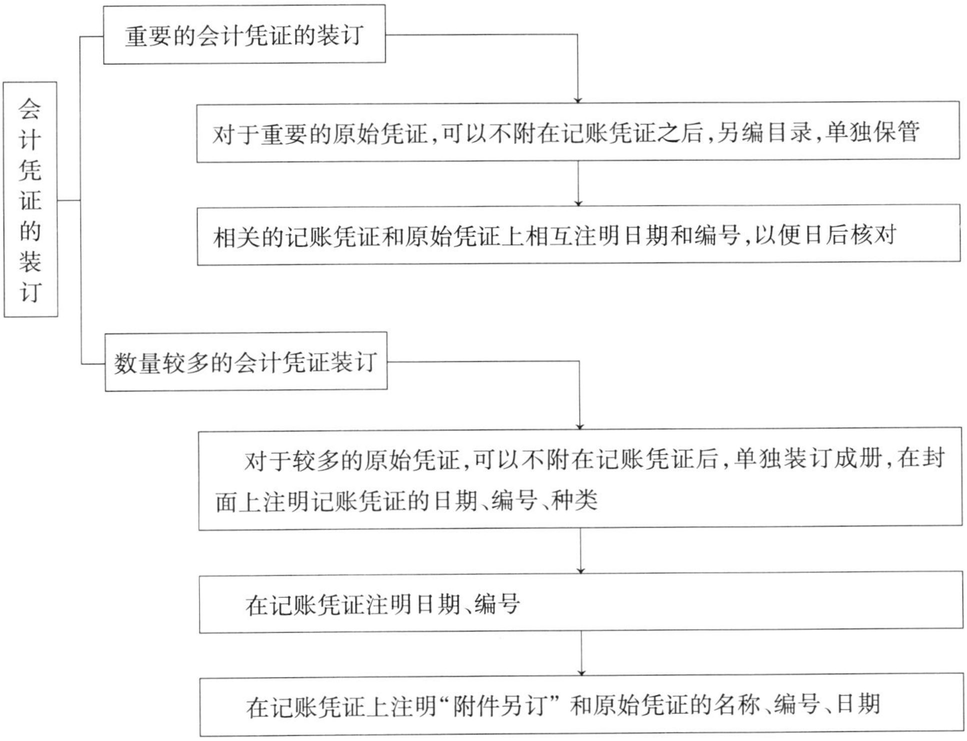

图 1－6　会计凭证的装订

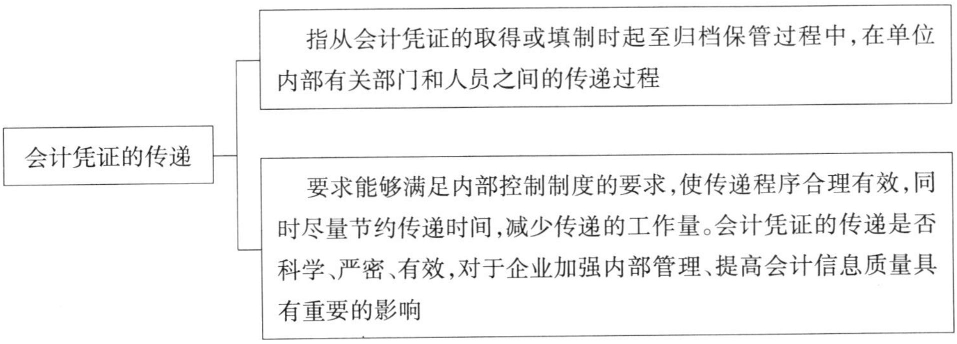

图 1－7　会计凭证的传递

五、会计凭证的保管

会计凭证的保管指会计凭证记账后的整理、装订、归档存查工作。会计凭证的保管要求如表 1－14 所示。

表 1－14　会计凭证的保管要求

要求	会计凭证应定期装订成册，防止散失
	会计凭证封面应注明单位、凭证张数、起止号数、年度、月份、会计主管人员、装订人员等有关事项
	会计凭证应加贴封条，防止抽换凭证
	原始凭证较多时，可单独装订，但应在凭证封面注明
	每年装订完成的会计凭证，在年度终结时可暂由单位财务部门保管一年，期满后原则上应移交档案机构保管
	严格遵守会计凭证的保管期限要求，原始凭证、记账凭证和汇总凭证保管 15 年，银行存款余额调节表保管 5 年。保管期满的会计档案可按规定销毁，但保管期满而未结清的债权债务原始凭证和涉及其他未了事项的原始凭证，不得销毁，应当单独抽出立卷，保管到未了事项完结为止

第八节　会计账簿

一、会计账簿的基本内容

会计账簿的基本内容如图 1－8 所示。

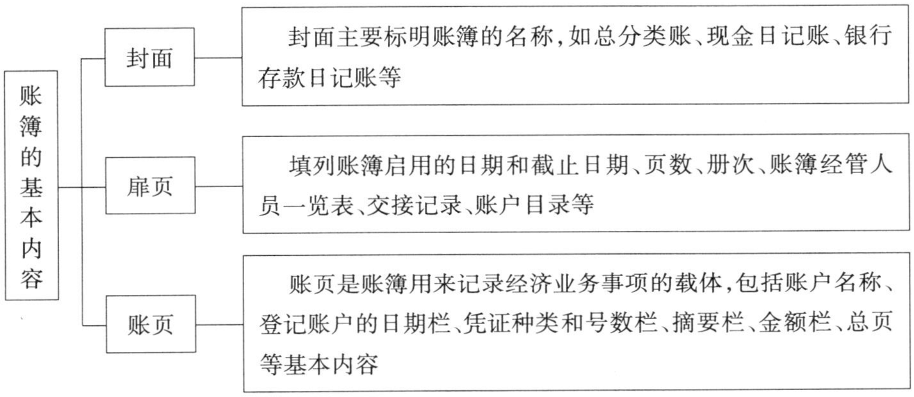

图 1－8　会计账簿的基本内容

二、账簿的分类

账簿的分类如图 1－9 所示。

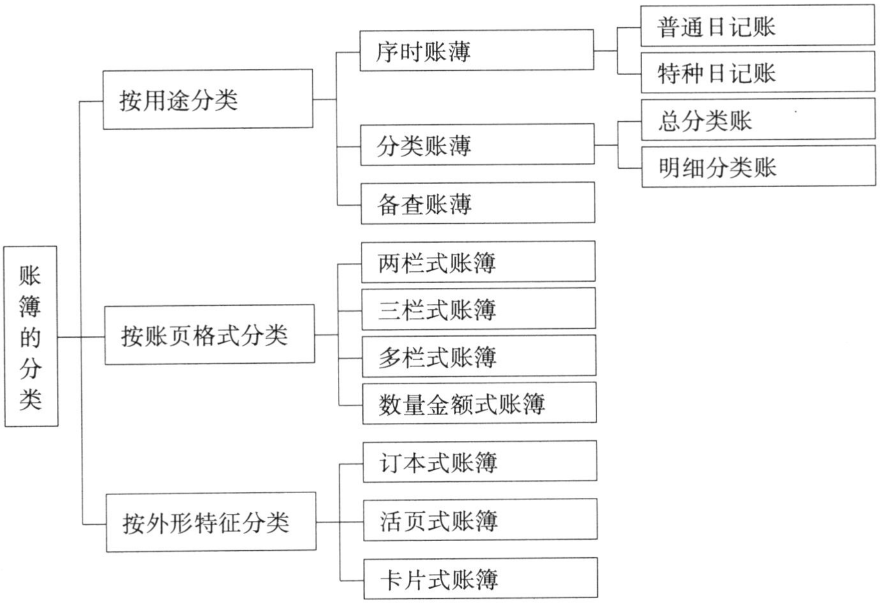

图 1－9　账簿的分类

三、建账、账簿的保管和更换

1. 建账的原则

建账的原则如图 1－10 所示。

建账的原则

- 设置账簿必须遵循国家有关会计制度的规定，不得以表代账或无账
- 设置账簿必须做到繁简适当、结构合理，既要便于财会人员的分工，提高效率，又要结合本单位特点，满足各方面经营管理对会计信息的需要

图 1－10　建账的原则

2. 建账步骤

建账步骤如表 1－15 所示。

表 1－15　建账步骤

建账基本步骤	具体内容
第一步	准备账簿
	预置有关账页
	备置账夹装订成册
第二步	在账簿启用表上填写单位名称、账簿名称、册数、编号、起止页数、启用日期、会计主管人员和记账人员姓名
	会计人员变动时，应注意交接日期、交接人员、签交人员姓名，并由交接双方签名或盖章
第三步	建立总账账户
	预备有关账页
	结转上年账户余额
第四步	将活页账簿按顺序编号
	编制账户目录
	贴上账户标签

3. 账簿的保管

账簿的保管如表 1－16 所示。

表 1－16　账簿的保管

内容	要求
账簿的日常管理	各种会计账簿要明确分工，指定专人管理，通常是谁负责登记，谁负责管理
	会计账簿未经本单位领导或财务部门负责人允许，非经管人员不得翻阅查看会计账簿
	会计账簿除需要与外单位核对账目外，一律不准携带外出
	对需要携带外出的账簿，必须经单位领导和财务部门负责人批准，并指定专人负责，不准交给他人管理，以保证账簿安全，防止任意涂改账簿等现象发生
	年度结账后，对需要更换新账簿的，应将旧账簿按规定程序整理并装订成册，归档保管
账簿的归档保管	活页账装订时，通常按账户分类装订，一个账户装订一册或数册
	某些账户账页较少，也可以将账户合并装订成一册
	装订时应检查账簿扉页的内容是否填列齐全
	装订时，应将账页整齐牢固地装订在一起，并将装订线用纸封口，由经办人员及装订人员、会计主管人员在封口处盖章

4. 账簿的更换

账簿的更换如图 1－11 所示。

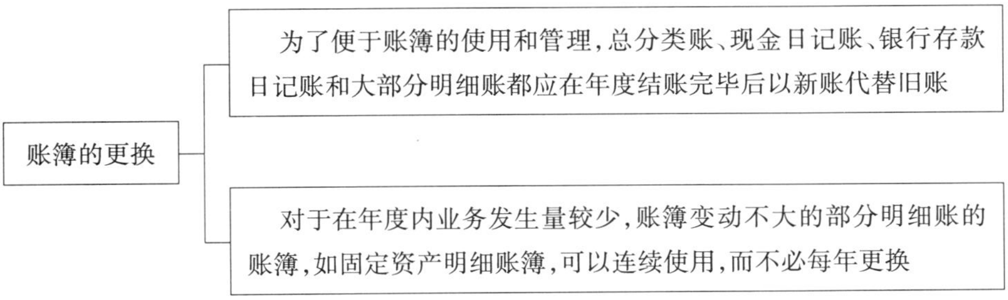

图 1－11　账簿的更换

四、账簿的设置与登记

1. 日记账的设置与登记

(1) 日记账的定义与分类。

日记账的定义与分类如图 1－12 所示。

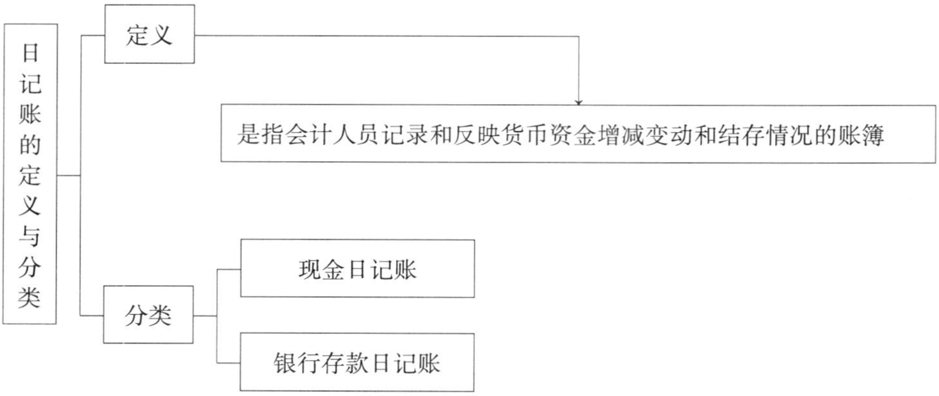

图1－12　日记账的定义与分类

（2）现金日记账的设置与登记。

现金日记账是由出纳人员根据审核无误的现金收付凭证和银行存款付款凭证，序时逐笔登记，用来反映现金的增减变动与结存情况的账簿。现金日记账主要设置有三栏式日记账和多栏式日记账。现金日记账的设置与登记如表1－17所示。

表1－17　现金日记账的设置与登记

要求	具体说明
根据复核无误的收付款记账凭证记账	出纳人员在办理收、付款时，应当对收款凭证和付款凭证进行仔细的复核，必须以经过复核无误的收、付款记账凭证和其所附原始凭证作为登记现金日记账的依据
记载内容必须同会计凭证相一致	出纳人员应在每一笔账上记明记账凭证的日期、编号、摘要、金额和对应科目等
	经济业务的摘要不能太过简略，应以能够清楚地表述业务内容为尺度，便于事后查对
	日记账应逐笔分行记录，不得将收款凭证和付款凭证合并登记，也不得将收款和付款相抵后以差额登记
	登记完毕，应逐项复核，复核无误后在记账凭证上的“账页”一栏内作出“过账”符号“√”，表示已经登记入账
逐笔序时登记	现金日记账必须当日账务当日记录，并于当日结出余额；有些现金收、付业务频繁的单位，还应随时结出余额，以掌握收、支计划的执行情况
连续登记，逐页结转	各种账簿按页次、行次、位次顺序连续登记，不得跳行、隔页登记
	如果发生跳行、隔页，应当将空行、空页划线注销，或者注明“此行空白”“此页空白”字样，并由记账人员签名或盖章
	每一账页登记完毕结转下页时应当结出本页合计数及余额，写在本页最后一行和下页第一行有关栏内，并在摘要栏内注明“过次页”和“承前页”

（续表）

要求	具体说明
登账时的书写技术	日记账中书写的文字和数字上面要留有适当空格，不要写满格，一般占全格的1/2，登记日记账要用蓝黑墨水或碳素墨水书写，不得使用圆珠笔、铅笔书写。红色墨水只能在结账划线、划线更正错误和红字冲账时使用
要做到日清月结	现金日记账必须逐日结出余额，每月月末必须按规定结账
	平时出具出纳报告单时要结出本期收入、本期支出、本期结存数。现金日记账不得出现贷方余额（或红字余额）

(3)银行存款日记账的设置与登记。

银行存款日记账是用来逐笔反映企业银行存款的增加、减少和结存情况的账簿。银行存款日记账的设置与登记如表1－18所示。

表1－18　银行存款日记账的设置与登记

银行存款日记账的设置与登记	根据复核无误的收、付款记账凭证和有关现金付款凭证来登记账簿
	记载的经济业务内容必须同记账凭证相一致，不得随便增减
	按经济业务发生的顺序逐笔登记账簿
	必须连续登记，不得跳行、隔页，不得随便更换账页和撕扯账页
	文字和数字必须整洁清晰，准确无误
	使用钢笔，以蓝、黑色墨水书写，不得使用圆珠笔或铅笔书写
	每一账页记完后必须按规定转页
	每月末必须按规定结账

2. 分类账的设置与登记

(1)总分类账的设置与登记。

总分类账是按照一级会计科目的编码顺序分设账户，并为每个账户预留若干账页。总分类账的设置与登记如图1－13所示。

(2)明细分类账的设置与登记。

明细分类账的设置与登记如图1－14所示。

- 总分类账的设置与登记
  - 设置
    - 在总分类账中，应按会计科目的编码顺序分设账户，并为每个账户预留若干账页
    - 总分类账一般采用借方、贷方、余额“三栏式” 订本账
  - 登记方法
    - 分类账可以按记账凭证逐笔登记，也可以将记账凭证汇总登记，还可以根据多栏式日记账在月末汇总登记。总之，其登记方法取决于所采用的会计核算的组织程序

图 1－13　总分类账的设置与登记

- 明细分类账的设置与登记
  - 设置
    - 在设置总分类账的基础上，还应根据需要按照总分类账设置若干明细分类账，作为总分类账的补充
    - 每个单位应根据经营管理需要，为有关总账科目设置各种明细分类账，进行明细分类核算。明细分类账既可以采用活页式账簿，又可以采用卡片式账簿
  - 种类
    - 三栏式明细分类账，主要运用于只需进行金额核算不需要进行数量核算的资本、债权、债务等科目，如“应收账款”“应付账款”“应交税费” 等
    - 数量金额式明细分类账，主要运用于既要进行金额核算，又要反映经济业务发生的实物数量变化的各种财产物资账户，如“库存商品”“原材料” 等账户的核算
    - 多栏式明细账，主要运用于费用、成本、收入等科目的明细核算，如“制造费用”“生产成本”“主营业务收入” 等
  - 登记方法
    - 根据各单位的业务量大小、人员多少、经济业务以及经营管理的需要确定
    - 根据原始凭证或标有明细科目及金额的记账凭证进行登记，可以逐笔登记，也可以定期汇总

图 1－14　明细分类账的设置与登记

五、对账与结账

1. 对账

对账的含义与内容如图 1－15 所示。

- 对账的含义与内容
  - 含义
    - 对账就是核对账目,对账簿记录的正确与否进行核对工作。一般在会计期间(月份、季度、年度)终了时,检查和核对账证、账账、账实、账表是否相符,以确保账簿记录的正确性
  - 内容
    - 账证核对。账证核对就是账页(账簿)与原始凭证和记账凭证的核对。具体说就是核对账目记录与凭证记录的时间、凭证字号、内容、金额是否一致,记账方向是否相符
    - 账账核对。账账核对就是指各种账簿之间有关数字应核对相符。具体有:总账有关账户余额相核对;总账与所属明细账相核对;总账与日记账相核对;明细账之间相核对
    - 账实核对。账实核对是在账账核对的基础上,将各种财产物资与实有数量之间的核对、债权债务账面余额与往来单位之间的核对
    - 账表核对。账表核对即账页(账簿)与报表的核对。会计报表是根据账户(总账和明细账)填制的,报表的数据与相关账户上的数据,应当一致

图 1－15　对账的含义与内容

2. 结账

结账的具体要求如表 1－19 所示。

表 1－19　结账的具体要求

项目	具体内容
结账前准备	结账前必须将本期(按月、按季度或按年)内发生的各项经济业务内容登记入账
	本期记账凭证要全部编号、装订、汇总，登记账簿时要一笔不漏地进行，并将发生额与有关对应科目的发生额核对无误后才能结账
结账时间	结账时间主要有日结、月结、季结和年结
结账方法	对不需要按月结计本期发生额的账户，每次记账后，都要随时结出余额，每月最后一笔余额为月末余额。月末结账时，只需要在最后一笔经济业务事项记录之下通栏画单红线，不需要再结计一次余额
	现金、银行存款日记账和需要按月结计发生额的收入、费用等明细账，每月结账时，要在最后一笔经济业务记录之下通栏画单红线，结出本月发生额和余额，在摘要栏注明“本月合计”字样，在下面通栏画单红线。需要结计本年累计发生额的某些明细账户，每月结账时，应在“本月合计”行下结出自年初起至本月末止的累计发生额，登记在月份发生额下面，在摘要栏注明“本年累计”字样，并在下面通栏画单红线
	总账账户平时只需结出月末余额，年终结账时，为了总括地反映全年各项资金运动情况全貌，核对账目，要将所有总账账户结出全年发生额和年末余额，在摘要栏内注明“本年合计”字样，并在合计数下通栏画双红线
	年度终了结账时，有余额的账户，要将其余额结转下年，并在摘要栏注明“结转下年”字样；在下一会计年度新建有关会计账户的第一行余额栏内填写上年结转的余额，并在摘要栏注明“上年结转”字样

六、错账更正法

错账更正法与实务如表 1－20 所示。

表 1－20　错账更正法与实务

<table>
<tr><th>方法</th><th>业务内容</th><th>更正前</th><th>更正后</th></tr>
<tr>
<td>划线更正法</td>
<td>凭证应借记 300 元误记入贷方</td>
<td>贷方
<table><tr><td>百</td><td>十</td><td>元</td><td>角</td><td>分</td></tr><tr><td>3</td><td>0</td><td>0</td><td>0</td><td>0</td></tr></table></td>
<td><table><tr><td colspan="5">借方</td><td colspan="5">贷方</td></tr><tr><td>百</td><td>十</td><td>元</td><td>角</td><td>分</td><td>百</td><td>十</td><td>元</td><td>角</td><td>分</td></tr><tr><td>3</td><td>0</td><td>0</td><td>0</td><td>0</td><td>3</td><td>0</td><td>0</td><td>0</td><td>0</td></tr></table>
史红</td>
</tr>
</table>

（续表）

方法	业务内容	更正前	更正后
红字更正法	某企业购入材料1 000元	借：管理费用 1 000 　　贷：银行存款 1 000	借：管理费用 [1 000] 　　贷：银行存款 [1 000] 借：原材料 1 000 　　贷：银行存款 1 000
补充登记法	某企业将收到的现金1 200元送存银行	借：银行存款 1 000 　　贷：库存现金 1 000	借：银行存款 200 　　贷：库存现金 200

第二章

货币资金业务的核算

第一节　库存现金

一、库存现金的定义与管理

1. 库存现金的定义及分类

库存现金的定义及分类如图 2－1 所示。

- 库存现金的定义及分类
  - 定义：是指存放在企业财务部门并由出纳人员保管的现钞，包括库存的人民币和各种外币。现金是流动性最强的一种货币资金，它可以随时用以购买所需物资，支付日常零星开支，偿还债务，也可以随时存入银行等
  - 分类
    - 狭义现金：指企业所拥有的硬币、纸币，即由企业出纳员保管作为零星业务开支之用的库存现款（我国所采用）
    - 广义现金：包括库存现款和视同现金的各种银行存款、流通证券等

图 2－1　库存现金的定义及分类

2. 库存现金的相关规定

现金流动性较强，国家对于现金的使用管理有着较为严格的规定，根据国务院颁发的《现金管理暂行条例》，库存现金管理的相关规定如表 2－1 所示。

表 2－1　库存现金管理的相关规定

项目	具体内容
有关现金的使用范围	职工工资、津贴
	个人劳务报酬
	根据国家规定颁发给个人的科学技术、文化艺术、体育等各种奖金
	各种劳保、福利费用以及国家规定的对个人的其他支出
	向个人收购农副产品和其他物资的价款
	出差人员必须随身携带的差旅费
	结算起点（1 000 元）以下的零星支出
	中国人民银行规定需要支付现金的其他支出

（续表）

项目	具体内容
有关库存现金限额的规定	库存限额指的是企业根据现金管理制度的规定可以在出纳部门留存现金的最高数额
	开户单位日常零星开支需要的库存现金，由开户银行根据企业的规模、存取款的距离、业务量因素与企业商定
	核定数额的计算方法为该企业前一个月平均每天的支付数额(不包括定期性的和不定期的大额现金支出)乘以限定天数，一般按照不超过企业 3 至 5 天的零星开支核定限额
	边远地区和交通不便的企业可以按多于 5 天但不超过 15 天的日常零星开支核定限额

3. 现金保管的基本规定

按照《现金管理暂行条例及其实施细则》的规定，企、事业单位，机关团体和部队现金管理应遵守“八不准”，如表 2－2 所示。

表 2－2　库存现金保管的基本规定

库存现金管理的基本规定	不准用不符合财务制度的凭证顶替库存现金
	不准单位之间相互借用现金
	不准谎报用途套取现金
	不准利用银行账户代其他单位和个人收支现金
	不准将单位收入的现金以个人名义存入银行
	不准保留账外公款(小金库)
	不准发行变相货币
	不准以任何票券代替人民币在市场上流通

开户单位如有违反现金管理“八不准”的任何一种情况，开户银行可按照《现金管理暂行条例》的规定，有权责令其停止违反活动，并根据情节轻重给予警告或罚款。

二、现金收付业务的处理程序

“库存现金”科目属于资产类科目，主要用来核算企业库存的现金，借方登记收入数，贷方登记支出数，借方余额表示企业的库存现金数。

1. 现金收入的处理程序

现金收入的处理程序如表 2－3 所示。

表 2－3　现金收入的处理程序

现金收入的处理程序	具体内容
出纳直接收款程序	收款时查看收款凭证是否齐备
	审核现金来源是否合理合法
	当面点清现金
	开立收款凭据，在收款凭据上加盖现金收讫印鉴
	根据收款收据编制记账凭证
	根据审核无误的记账凭证登记现金日记账
收款员收款再交出纳的程序	查看收款依据是否齐全
	确定应收金额，清点现金，确保应收额与实收额一致
	开出收款收据，加盖“现金收讫”印鉴
	根据收款收据编制记账凭证
	根据记账凭证编制现金日记账
从银行提取现金程序	出纳人员签发现金支票
	取款人持现金支票到开户银行取款
	银行审核现金支票无误后，交给取款人款项
	取款人收取现金，并应根据支票金额清点现金，确认无误后离开
	取款后，出纳人员及时将现金存入保险柜，如果取款人不是出纳人员，双方应当面点清，出纳人员应在现金支票存根联上签字确认
	根据现金支票存根或回单编制记账凭证
	根据审核无误的记账凭证登记现金日记账

2. 现金支出的处理程序

现金支出的处理程序如表 2－4 所示。

表 2－4　现金支出的处理程序

现金支出的处理程序	具体内容
出纳直接付款程序	出纳人员取得付款依据后，对其进行审核
	对于大额现金支出提前准备好充足现金予以支付，对于不足以全额支付的，应约好时间一次性支付，不得分次支付
	根据审核无误的原始凭证办理现金支付时，出纳人员应进行复点，并要求收款人当面点清当面确认并签收，如果是他人代领，应得到当事人确认后，方可由代领人签收
	付款后在审核无误的原始单据上加盖“现金付讫”印鉴，编制记账凭证
	根据审核无误的记账凭证登记现金日记账

（续表）

现金支出的处理程序	具体内容
向银行送存现金程序	送款前应将送存款清点整理，按币别、币种分开
	填写现金进账单（解款单）
	向银行提交进账单和整理好的票币
	开户行受理后，在现金进账单上加盖“现金收讫”和银行印鉴后退回交款人一联
	根据银行退回盖有“现金收讫”和银行印鉴的一联现金进账单，编制记账凭证
	根据记账凭证登记现金日记账

三、库存现金的会计处理

库存现金的会计处理如表2－5所示。

表2－5　库存现金的会计处理

业务内容			会计分录
从银行提取现金			借：库存现金（按支票存根记载的金额） 　贷：银行存款
职工差旅费	预支差旅费		借：其他应收款等（按实际借出金额） 　贷：库存现金
	收到交回的剩余款		借：库存现金（按实际收回的现金） 　管理费用等（按应报销的金额） 　贷：其他应收款（按实际借出的金额）
现金清查	现金溢余	发现现金长款	借：库存现金 　贷：待处理财产损溢——待处理流动资产损溢
		应支付给有关单位或个人的	借：待处理财产损溢——待处理流动资产损溢 　贷：其他应付款
		无法查明原因的	借：待处理财产损溢——待处理流动资产损溢 　贷：营业外收入
	现金短缺	发现现金短缺	借：待处理财产损溢——待处理流动资产损溢 　贷：库存现金
		由责任人赔偿 由保险公司赔偿	借：其他应收款 　贷：待处理财产损溢——待处理流动资产损溢
		无法查明原因的	借：管理费用 　贷：待处理财产损溢——待处理流动资产损溢

四、库存现金业务案例

【例1】2013年12月1日，亨利公司将现金5 100元存入银行。应作如下会计处理：

借：银行存款　　5 100

　　贷：库存现金　　5 100

【例2】2013年12月1日，亨利公司管理部门人员外出开会，预借差旅费2 000元。应作如下会计处理：

借：其他应收款　　2 000

　　贷：库存现金　　2 000

【例3】2013年12月2日，亨利公司在现金清查时发现现金短缺200元，有待查明原因。12月3日，查明现金短缺因出纳失误造成，应由出纳张花赔偿，应作如下会计处理：

借：待处理财产损溢——待处理流动资产损溢　　200

　　贷：库存现金　　200

借：其他应收款——张花　　200

　　贷：待处理财产损溢——待处理流动资产损溢　　200

【例4】2013年12月3日，亨利公司管理部门人员外出开会回来，报销差旅费1 500元，退回现金500元。应作如下会计处理：

借：管理费用　　1 500

　　库存现金　　500

　　贷：其他应收款　　2 000

第二节　银行存款

一、银行存款的定义及账户分类

银行存款的定义及账户分类如图 2－2 所示。

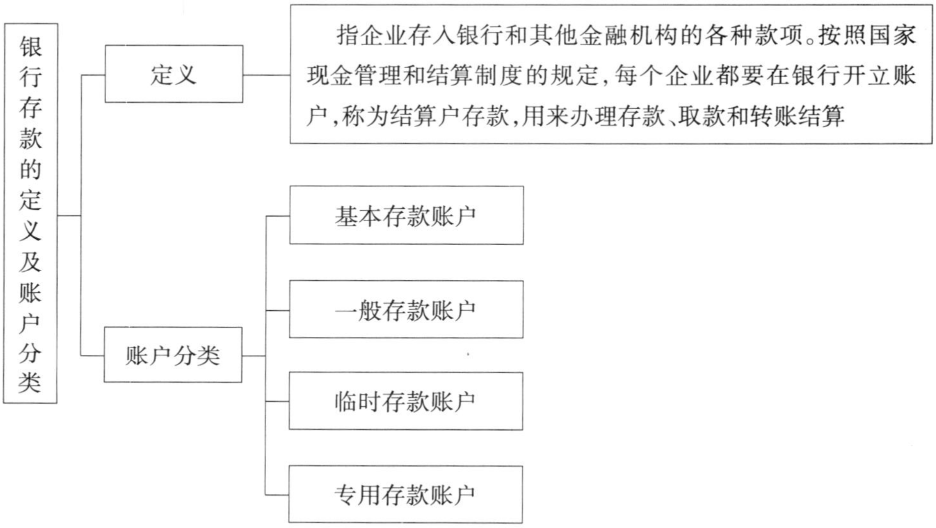

图 2－2　银行存款的定义及账户分类

二、银行存款的管理

1. 基本存款账户

基本存款账户是存款人办理转账结算和现金收付的账户。存款人的工资、奖金等现金的支取只能通过本账户办理。

（1）开立基本存款账户的条件。

开立基本存款账户的条件如图 2－3 所示。

（2）开立基本存款账户所需的证明文件。

开立基本存款账户所需的证明文件如表 2－6 所示。

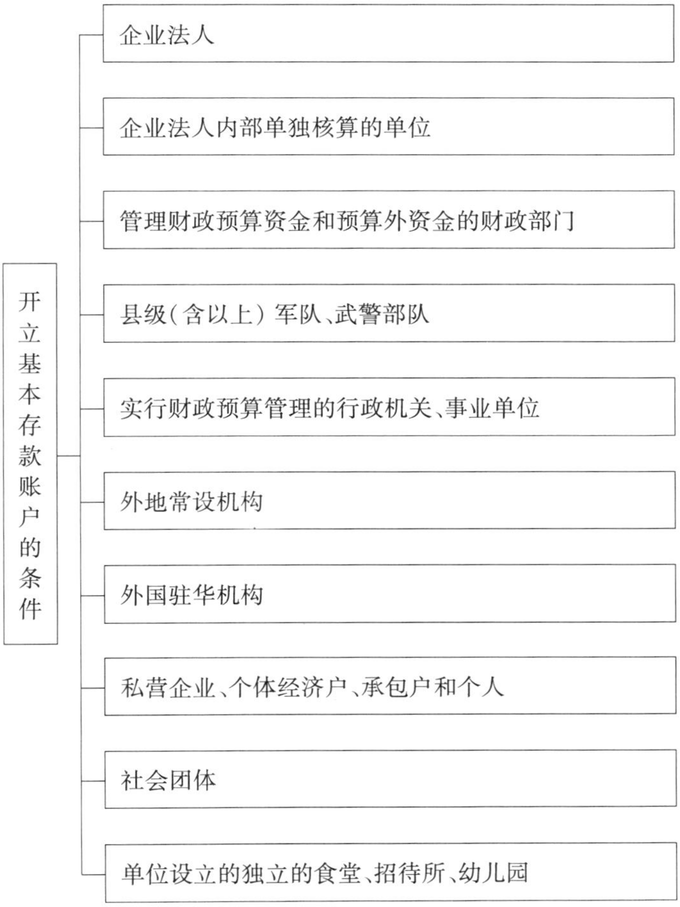

图2－3 开立基本存款账户的条件

表2－6 开立基本存款账户所需的证明文件

名称	具体内容
开立基本存款账户所需的证明文件	个人的居民身份证和户口簿
	承包双方签订的承包协议
	企业法人，应出具企业法人营业执照正本
	非法人企业，应出具企业营业执照正本
	机关和实行预算管理的事业单位，应出具政府人事部门或编制委员会的批文或登记证书和财政部门同意其开户的证明；非预算管理的事业单位，应出具政府人事部门或编制委员会的批文或登记证书
	军队、武警团级（含）以上单位以及分散执勤的支（分）队，应出具军队军级以上单位财务部门、武警总队财务部门的开户证明

（续表）

名称	具体内容
开立基本存款账户所需的证明文件	社会团体，应出具社会团体登记证书，宗教组织还应出具宗教事务管理部门的批文或证明文件
	民办非企业组织，应出具民办非企业登记证书
	外地常设机构，应出具其所在地政府主管部门的批文
	外国驻华机构，应出具国家有关主管部门的批文或证明；外资企业驻华代表处、办事处应出具国家登记机关颁发的登记证
	个体工商户，应出具个体工商户营业执照正本
	居民委员会、村民委员会、社区委员会，应出具其主管部门的批文或证明文件
	独立核算的附属机构，应出具其主管部门的基本存款账户开户登记证和批文
	其他组织，应出具政府主管部门的批文或证明文件

2. 一般存款账户

存款人在基本存款账户以外的银行借款转存，与基本存款账户的存款人不在同一地点的附属非独立核算单位开立的账户，可以通过一般存款账户办理转账结算和现金缴存，但不能办理现金的支取。

（1）一般存款账户的开立条件。

一般存款账户的开立条件如图2－4所示。

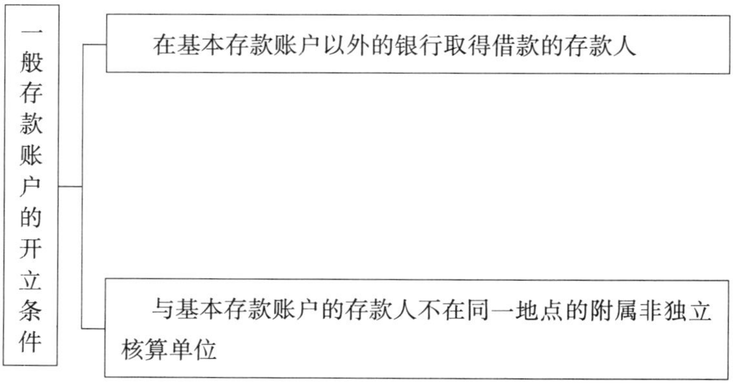

图2－4　一般存款账户的开立条件

（2）一般存款账户开立的证明文件。

一般存款账户开立的证明文件如表2－7所示。

表 2－7　一般存款账户开立的证明文件

名称	具体内容
证明文件	借款合同或借款借据
	基本存款账户的存款人同意其附属的非独立核算单位开户的证明

3. 临时存款账户

临时存款账户是存款人因临时经营活动的需要开立的账户。存款人可以通过该账户办理转账结算和根据国家现金管理规定办理现金收付。

（1）临时存款账户开立的条件。

临时存款账户开立的条件如图 2－5 所示。

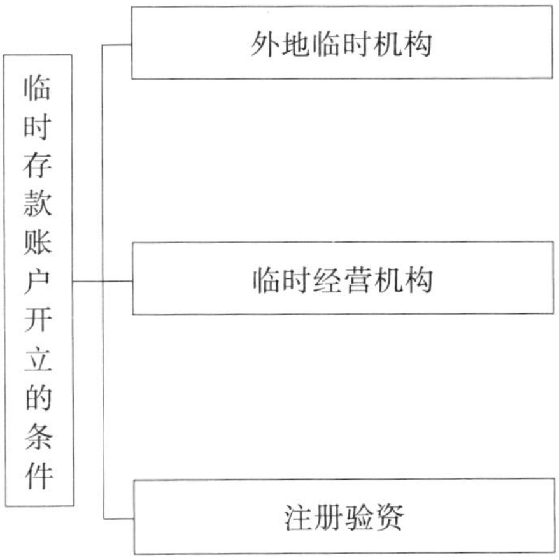

图 2－5　临时存款账户开立的条件

（2）临时存款账户开立的证明文件。

临时存款账户开立的证明文件如表 2－8 所示。

表 2－8　临时存款账户开立的证明文件

名称	具体内容
证明文件	临时机构，应出具住所地主管部门同意设立临时机构的批文
	异地建筑施工及安装单位，应出具营业执照正本或其隶属单位的营业执照正本，以及施工及安装地建设主管部门核发的许可证或建筑施工及安装合同
	异地从事临时经营活动的单位，应出具营业执照正本以及临时经营地工商行政管理部门的批文
	注册验资资金，应出具工商行政管理部门核发的企业名称预先核准通知书或有关部门的批文

4. 专用存款账户

专用存款账户是指企业因特定用途需要开立的账户。企业因基本建设、更新改造等特定用途需要专户管理资金时，可在银行开立专用账户。

(1)专用存款账户开立的条件。

专用存款账户开立的条件如图 2－6 所示。

专用存款账户开立的条件

- 基本建设资金
- 更新改造资金
- 特定用途需要专户管理的资金
- 财政预算外资金
- 粮、棉、油收购资金
- 证券交易结算资金
- 期货交易保证金
- 信托基金
- 金融机构存放同业资金
- 政策性房地产开发资金
- 单位银行卡备用金
- 住房基金
- 社会保障金
- 收入汇缴资金和业务支出资金
- 党、团、工会设在单位的组织机构经费

图 2－6　专用存款账户开立的条件

(2)开立专用存款账户的证明文件。

开立专用存款账户的证明文件如表 2－9 所示。

表 2－9　开立专用存款账户的证明文件

名称	具体内容
开立专用存款账户的证明文件	基本建设资金、更新改造资金、政策性房地产开发资金、住房基金、社会保障基金，应出具主管部门的批文
	财政预算外资金，应出具财政部门的批文
	粮、棉、油收购资金，应出具主管部门的批文
	单位银行卡备用金，按照中国人民银行批准的银行卡章程的规定出具有关证明
	证券交易结算资金，应出具证券公司或证券管理部门的证明
	期货交易保证金，应出具期货公司或期货管理部门的证明
	金融机构存放同行业资金，应出具有关管理部门的证明
	收入汇缴资金和业务支出资金，应出具基本存款账户存款人的有关证明
	党、团、工会设在单位的组织机构经费，应出具该单位或有关部门的批文或证明
	其他按规定需要专项管理和使用的资金，应出具有关法规、规章或政府部门的有关文件

5. 银行存款账户的用途及相关规定

银行存款账户的用途及相关规定如表 2－10 所示。

表 2－10　银行存款账户的用途及相关规定

项目	用途及相关规定
基本存款账户	用于存款人办理转账结算和现金收付的账户。存款人的工资、奖金等现金的支取，只能通过本账户办理
一般存款账户	存款人在基本存款账户以外的银行借款转存，与基本存款账户的存款人不在同一地点的附属非独立核算单位开立的账户，可以通过一般存款账户办理转账结算和现金缴存，但不能办理现金的支取
临时存款账户	临时存款账户是存款人因临时经营活动的需要开立的账户。存款人可以通过该账户办理转账结算和根据国家现金管理规定办理现金收付
专用存款账户	单位信用卡账户资金必须由其基本存款账户转账存入。此账户不得办理现金收付业务
	财政预算外资金、证券交易结算资金、期货交易保证金和信托基金专用存款账户，都是不准支取现金的

（续表）

项目	用途及相关规定
专用存款账户	基本建设资金、更新改造资金、政策性房地产开发资金、金融机构存放同行业资金账户需要支取现金的，应在开户时上报中国人民银行当地分行批准。中国人民银行当地分行应根据国家现金管理的规定审查批准
	粮、棉、油收购资金，社会保障基金，住房基金和党、团、工会经费等专用存款账户办理现金支取应按照国家现金管理的规定办理
	收入汇缴账户除向基本存款账户或预算外资金财政专用存款账户划缴款项外，只收不付，不得支取现金。业务支出账户除从基本存款账户拨入款项外，只付不收，其现金支取必须按照国家现金管理的规定办理

三、银行存款结算方式

目前，我国企业的货币资金收付业务可以采用支票、汇兑、委托收款、托收承付、银行汇票、银行本票、商业汇票、信用卡等方式进行结算，具体内容如表 2－11 所示。

表 2－11　银行存款结算方式

类别	定义	相关规定
支票	支票是由出票人签发的、委托办理存款业务的银行在见票时无条件支付确定的金额给收款人或持票人的票据	收款单位对于收到的支票，应在收到支票的当日填制进账单连同支票送交银行，根据银行盖章退回的进账单第一联和有关的原始凭证编制收款凭证；付款单位对于付出的支票，应根据支票存根和有关原始凭证及时编制付款凭证
汇兑	汇兑是汇款人委托银行将其款项支付给收款人的结算方式。单位和个人均可通过汇兑方式结算	收款单位对于汇入的款项，应在收到银行的收账通知时据以编制收款凭证；付款单位对于汇出的款项，应在向银行办理汇款后，根据汇款回单编制付款凭证
委托收款	委托收款是收款人委托银行向付款人收取款项的结算方式	收款单位对于托收款项，根据银行的收账通知，据以编制收款凭证；付款单位在收到银行转来的委托收款凭证后，根据委托收款凭证的付款通知和有关原始凭证，编制付款凭证
托收承付	托收承付是根据购销合同由收款人发货后委托银行向异地付款人收取款项，由付款人向银行承认付款的结算方式	收款单位对于托收款项，根据银行的收账通知和有关原始凭证，据以编制收款凭证；付款单位对于承付的款项，应于承付时根据托收承付结算凭证的承付通知和有关发票账单等原始凭证，据以编制付款凭证

（续表）

类别	定义	相关规定
银行汇票	银行汇票是汇款人将款项交存当地出票银行，由出票银行签发的，在见票时，按照实际结算金额无条件支付给收款人或持票人的票据	收款单位应当将汇票、解讫通知和进账单送交银行，根据银行退回的进账单和有关的原始凭证编制收款凭证；付款单位应在收到银行签发的银行汇票后，根据“银行汇票申请书(存根联)”编制付款凭证
商业汇票	商业汇票是出票人签发的委托付款人在指定日期无条件支付确定的金额给收款人或者持票人的票据，分为商业承兑汇票和银行承兑汇票两种	收款单位把将要到期的银行承兑汇票和填制的邮划或电划委托收款凭证，一起送交银行办理收款，并根据银行的收账通知编制收款凭证；付款单位在收到银行的付款通知时编制付款凭证。收款单位将未到期的商业汇票向银行申请贴现时，应按规定填制贴现凭证，和汇票一起送交银行，根据银行的收账通知编制收款凭证
银行本票	银行本票是由银行签发的，承诺自己在见票时无条件支付确定的金额给收款人或者持票人的票据	收款单位按规定受理银行本票后，应连同本票和进账单送交银行办理转账，根据银行盖章退回的进账单第一联和有关原始凭证编制收款凭证；付款单位在填写“银行本票申请书”并把款项交存银行，收到银行签发的银行本票后，根据申请书存根联编制付款凭证。因银行本票超过付款期限或其他原因要求退款时，在交回本票和填制的进账单经银行审核盖章后，以银行退回的进账单第一联，作为收账通知编制收款凭证
信用卡	信用卡是商业银行向个人和单位发行的，凭此向特约单位购物、消费和向银行存取现金，且具有消费信用的体制载体卡片	收款单位对于当日收到的信用卡签购单，送交银行办理进账，在接到银行收账通知后，编制收款凭证；付款单位对于付出的信用卡资金，依照银行转来的付款通知和有关原始凭证编制付款凭证

四、银行存款的会计处理

1. 银行存款的会计处理

银行存款的会计处理如表 2－12 所示。

表 2－12　银行存款的会计处理

业 务 内 容	会 计 分 录
将库存现金交存银行	借：银行存款 　　贷：库存现金

（续表）

业务内容	会计分录
借入各种借款	借：银行存款 　　贷：长期借款 　　　　短期借款
收回应收款项	借：银行存款 　　贷：应收账款 　　　　应收票据 　　　　其他应收款
销售商品	借：银行存款 　　贷：主营业务收入 　　　　应交税费——应交增值税（销项税额）
收到预收货款	借：银行存款 　　贷：预收账款
收到投资者投入的资本	借：银行存款 　　贷：实收资本 　　　　资本公积
从银行提现	借：库存现金 　　贷：银行存款
预付购货款	借：预付账款 　　贷：银行存款
支付应付款项	借：应付账款 　　其他应付款 　　贷：银行存款
偿还各种借款	借：短期借款 　　长期借款 　　贷：银行存款
购买商品	借：在途物资 　　库存商品 　　应交税费——应交增值税（进项税额） 　　贷：银行存款
支付工资	借：应付职工薪酬 　　贷：银行存款
支付税费	借：应交税费 　　贷：银行存款

五、银行存款业务案例

【例5】2013年12月3日，亨利公司销售A商品100件，售价为35 000元，增值税为5 950元，收到货款40 950元。应作如下会计处理：

借：银行存款　　40 950
　　贷：主营业务收入　　35 000
　　　　应交税费——应交增值税(销项税额)　　5 950

【例6】2013年12月3日，亨利公司购买原材料2 000元，增值税340元，通过转账支票支付。应作如下会计处理：

借：原材料　　2 000
　　应交税费——应交增值税(进项税额)　　340
　　贷：银行存款　　2 340

六、银行存款的清查

银行存款的清查如图2－7所示。

2013年11月末。亨利公司银行存款日记账的余额为138 450元，从银行取得的对账单余额为151 300元，经过逐笔核对发现有如下未达账项：

(1)企业于11月11日开出转账支票一张，计11 710元，持票单位尚未到银行办理结算手续，银行尚未入账。

(2)企业于11月16日收到客户送来的材料费6 250元，已送存银行，银行尚未入账。

(3)银行于11月20日转来的贷款13 970元已入账，而企业尚未收到入账通知。

(4)企业应支付的本月水电费6 580元，银行于11月26日已代为支付，企业尚未收到付款通知。

企业根据未达账项编制银行存款余额调节表，如表2－13所示。

表2－13　银行存款余额调节表

项目	金额	项目	金额
企业银行存款日记账余额	138 450	银行对账单余额	151 300
加：银行已收、企业未收	13 970	加：企业已收、银行未收	6 250
减：银行已付、企业未付	6 580	减：企业已付、银行未付	11 710
调节后的存款余额	145 840	调节后的存款余额	145 840

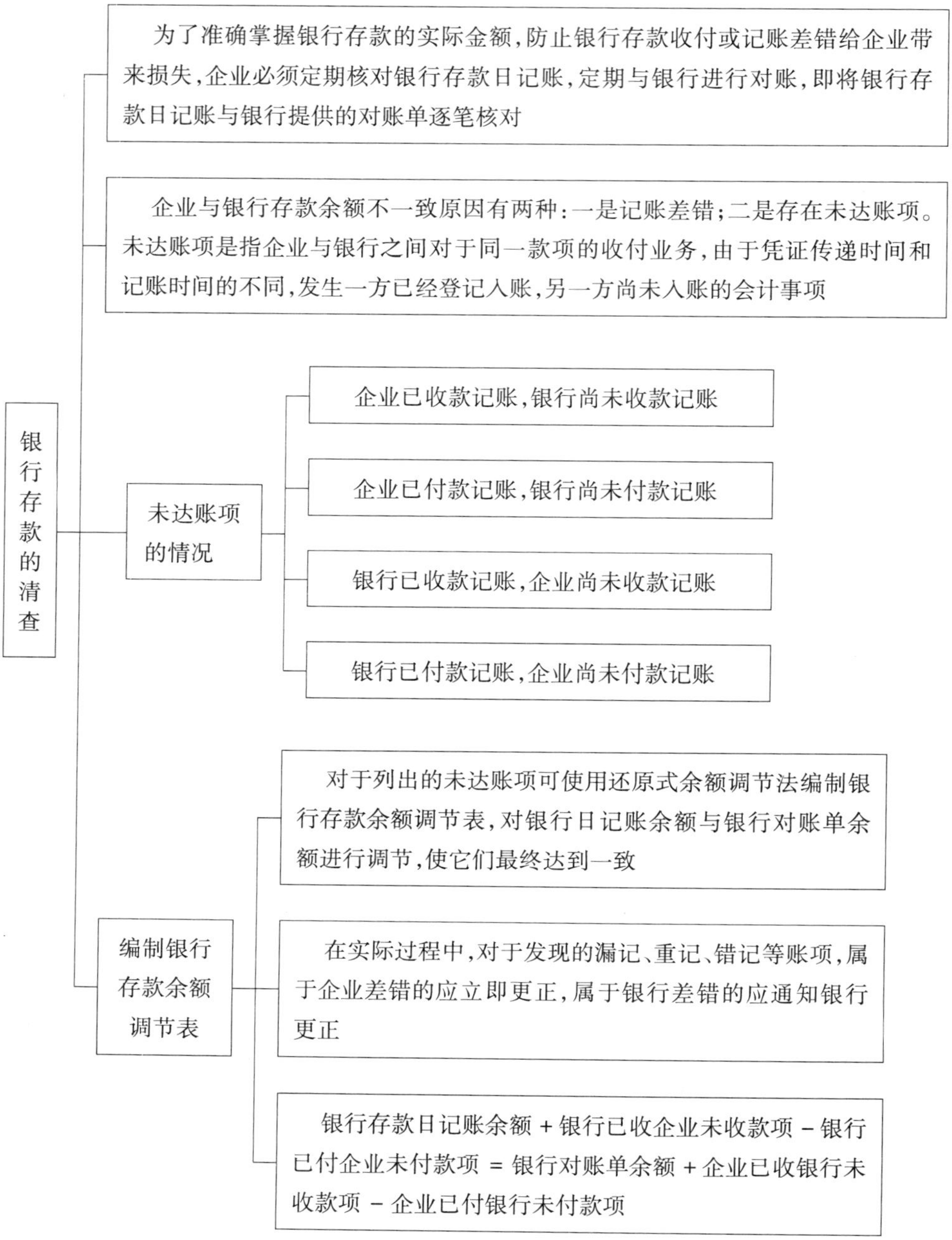
银行存款的清查
为了准确掌握银行存款的实际金额，防止银行存款收付或记账差错给企业带来损失，企业必须定期核对银行存款日记账，定期与银行进行对账，即将银行存款日记账与银行提供的对账单逐笔核对
企业与银行存款余额不一致原因有两种：一是记账差错；二是存在未达账项。未达账项是指企业与银行之间对于同一款项的收付业务，由于凭证传递时间和记账时间的不同，发生一方已经登记入账，另一方尚未入账的会计事项
未达账项的情况
企业已收款记账，银行尚未收款记账
企业已付款记账，银行尚未付款记账
银行已收款记账，企业尚未收款记账
银行已付款记账，企业尚未付款记账
编制银行存款余额调节表
对于列出的未达账项可使用还原式余额调节法编制银行存款余额调节表，对银行日记账余额与银行对账单余额进行调节，使它们最终达到一致
在实际过程中，对于发现的漏记、重记、错记等账项，属于企业差错的应立即更正，属于银行差错的应通知银行更正
银行存款日记账余额 + 银行已收企业未收款项 − 银行已付企业未付款项 = 银行对账单余额 + 企业已收银行未收款项 − 企业已付银行未付款项

图 2－7　银行存款的清查

第三节　其他货币资金

一、其他货币资金的定义及种类

其他货币资金的定义及种类如表 2－14 所示。

表 2－14　其他货币资金的定义及种类

<table>
<tr><th>名称</th><th colspan="2">具体说明</th></tr>
<tr><td>定义</td><td colspan="2">其他货币资金是指除现金和银行存款以外的其他各种货币资金</td></tr>
<tr><td rowspan="9">种类</td><td rowspan="2">外埠存款</td><td>外埠存款是指企业到外地进行临时或零星采购时，汇往采购所在地银行开立采购专户的款项。企业汇出款项时，必须填写汇款委托书，加盖“采购资金”字样</td></tr>
<tr><td>汇入银行对汇入的采购款项，以汇款单位的名义开设采购账户。采购资金存款不计利息，除采购员差旅费可以支取少量现金外，一律进行转账</td></tr>
<tr><td>银行汇票存款</td><td>银行汇票存款是指企业为取得银行汇票按规定存入银行的款项。企业向银行提交“银行汇票委托书”并将款项交存开户银行，办理银行汇票，未用汇票存款应及时办理退款</td></tr>
<tr><td rowspan="2">银行本票存款</td><td>银行本票存款是指企业为取得银行本票按规定存入银行的款项。企业向银行提交“银行本票委托书”并将款项交存银行，办理银行本票</td></tr>
<tr><td>如果企业因本票超过付款期等原因未曾使用而要求银行退款时，应填制进账单一式两联，连同本票一并交给银行，办理收款</td></tr>
<tr><td>信用卡存款</td><td>信用卡存款是指企业为取得信用卡按照规定存入银行的款项。企业在申领信用卡时，应按照有关的规定填制申请表，并按银行要求存入备用金，银行开立信用卡存款账户，发给信用卡</td></tr>
<tr><td>信用证保证金存款</td><td>信用证保证金存款是指企业为取得信用证按规定存入银行的保证金</td></tr>
<tr><td>存出投资款</td><td>存出投资款是指企业已存入证券公司但尚未进行投资的资金</td></tr>
</table>

二、其他货币资金的会计处理

其他货币资金的会计处理如表 2－15 所示。

表 2－15　其他货币资金的会计处理

项目	业务内容	会计分录
外埠存款	开立采购专用账户	借：其他货币资金——外埠存款 　　贷：银行存款
	收到发票账单等报销凭证	借：原材料 　　库存商品 　　应交税费——应交增值税（进项税额） 　　贷：其他货币资金——外埠存款
	采购完毕收回剩余款项	借：银行存款 　　贷：其他货币资金——外埠存款
银行汇票存款	申请办理银行汇票	借：其他货币资金——银行汇票 　　贷：银行存款
	收到发票账单等报销凭证	借：原材料 　　库存商品 　　应交税费——应交增值税（进项税额） 　　贷：其他货币资金——银行汇票
	采购完毕收回剩余款项	借：银行存款 　　贷：其他货币资金——银行汇票
银行本票存款	申请办理银行汇票	借：其他货币资金——银行本票 　　贷：银行存款
	收到发票账单等报销凭证	借：原材料 　　库存商品 　　应交税费——应交增值税（进项税额） 　　贷：其他货币资金——银行本票
	采购完毕收回剩余款项	借：银行存款 　　贷：其他货币资金——银行本票
信用卡存款	申领信用卡	借：其他货币资金——信用卡存款 　　贷：银行存款
	持卡消费	借：管理费用等 　　贷：其他货币资金——信用卡存款

（续表）

项目	业务内容	会计分录
信用证保证金存款	将信用证保证金交存银行	借：其他货币资金——信用证保证金 　贷：银行存款
	收到信用证结算凭证及账单	借：原材料 　库存商品 　应交税费——应交增值税（进项税额） 　贷：其他货币资金——信用证保证金
	收回信用证保证金存款余额	借：银行存款 　贷：其他货币资金——信用证保证金
存出投资款	向证券公司划出资金	借：其他货币资金——存出投资款 　贷：银行存款
	购买股票和债券	借：交易性金融资产 　贷：其他货币资金——存出投资款

三、其他货币资金业务案例

【例 7】2013 年 12 月 3 日，亨利公司将银行存款 300 000 元汇往外地工商银行开立采购专户，供临时采购用。应作如下会计处理：

借：其他货币资金——外埠存款　　300 000

　贷：银行存款　　300 000

【例 8】2013 年 12 月 4 日，亨利公司采购员交来供应单位的发票账单等报销凭证，报销采购原材料的货款 250 000 元，税款 42 500 元。应作如下会计处理：

借：原材料　　250 000

　应交税费——应交增值税（进项税额）　　42 500

　贷：其他货币资金——外埠存款　　292 500

【例 9】2013 年 12 月 4 日，亨利公司收到开户银行通知，多余的外埠存款 7 500 元已退回公司存款户。应作如下会计处理：

借：银行存款　　7 500

　贷：其他货币资金——外埠存款　　7 500

【例 10】2013 年 12 月 5 日，亨利公司向银行提交了“银行汇票申请书”，并将款项 10 000 元交存银行，取得银行汇票。应作如下会计处理：

借：其他货币资金——银行汇票存款　　10 000

　贷：银行存款　　10 000

【例11】2013 年 12 月 5 日，亨利公司采购员持银行汇票向外地乙公司购买商品一批，实际结算金额 9 360 元。应作如下会计处理：

借：库存商品　8 000
　　应交税费——应交增值税(进项税额)　1 360
　　贷：其他货币资金——银行汇票存款　9 360

【例12】2013 年 12 月 5 日，亨利公司接到开户银行通知，银行汇票的多余款项 640 元已退回到公司的存款账户。应作如下会计处理：

借：银行存款　640
　　贷：其他货币资金——银行汇票存款　640

【例13】2013 年 12 月 6 日，亨利公司按规定填制申请表连同金额为 40 000 元的转账支票和有关资料一并交送银行，取得信用卡一张。应作如下会计处理：

借：其他货币资金——信用卡存款　40 000
　　贷：银行存款　40 000

【例14】2013 年 12 月 6 日，亨利公司用信用卡支付业务招待费 1 000 元。应作如下会计处理：

借：管理费用　1 000
　　贷：其他货币资金——信用卡存款　1 000

【例15】2013 年 12 月 6 日，亨利公司委托开户银行向乙公司开出信用证，并按规定向开户银行提交开证申请书、信用证申请人承诺书和购销合同，并签发转账支票一张，向开户银行交纳保证金 50 000 元。应作如下会计处理：

借：其他货币资金——信用证保证金存款　50 000
　　贷：银行存款　50 000

【例16】2013 年 12 月 6 日，亨利公司为进行短期投资，签发转账支票一张，向证券公司划出资金 500 000 元。应作如下会计处理：

借：其他货币资金——存出投资款　500 000
　　贷：银行存款　500 000

第三章

资金筹集业务的核算

第一节　实收资本

一、实收资本的概述

实收资本的概述如图 3－1 所示。

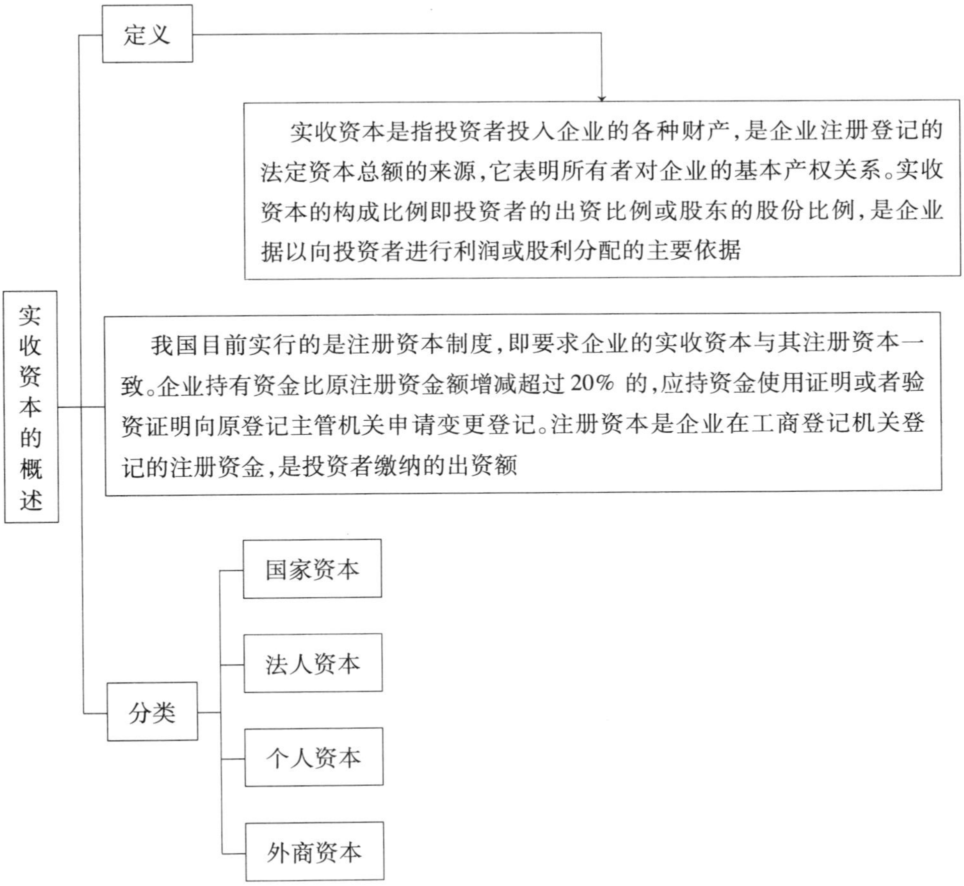

图 3－1　实收资本的概述

二、实收资本的会计处理

为了对投入资本进行核算，除股份有限公司以外，其他各类企业应设置“实收资本”账户。在股份有限公司中，因为其筹集资本通常被划分为等额的股份，所以应设置“股本”账户，核算股份有限公司核定的股本总额或在核定的股份总额范围内实际发行股票的面值。

实收资本的会计处理如表 3－1 所示。

表 3－1 实收资本的会计处理

业务内容	会计分录
企业接受投资者以人民币资产投入的资本	借：银行存款 贷：实收资本
企业接受投资者以非现金资产投入的资本	借：无形资产、原材料、库存商品等 贷：实收资本
企业按法定程序报经批准减少注册资本	借：实收资本 贷：银行存款

三、实收资本业务案例

【例 17】2013 年 12 月 6 日，亨利公司接到开户银行通知，收到投资者缴纳的银行存款 500 000 元。应作如下会计处理：

借：银行存款　　500 000

　　贷：实收资本　　500 000

【例 18】2013 年 12 月 6 日，某公司用甲产品的专利权向亨利公司投资，允许亨利公司生产这种专利产品。评估确认该项专利的价值为 200 000 元。亨利公司收到这项资产时，应作如下会计处理：

借：无形资产　　200 000

　　贷：实收资本　　200 000

第二节 资本公积

一、资本公积的概述

资本公积的概述如图 3－2 所示。

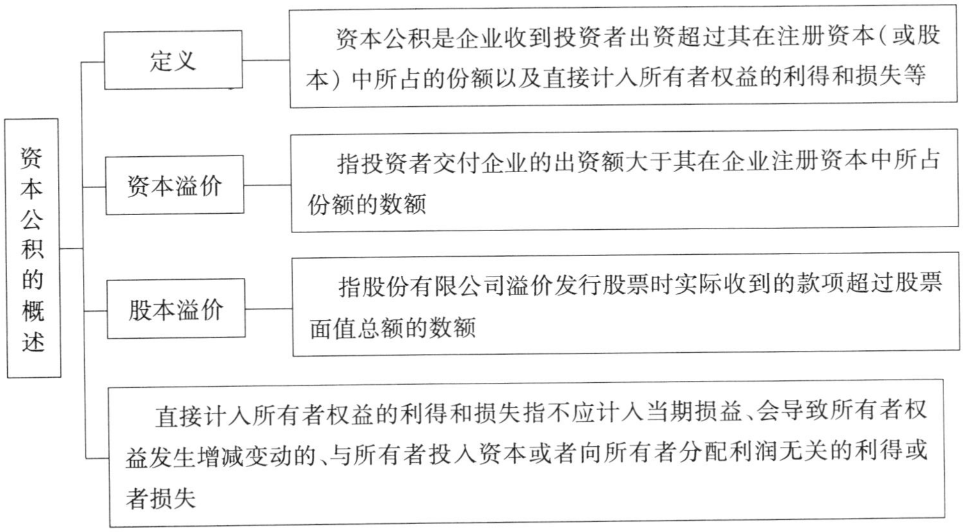

图 3－2 资本公积的概述

二、资本公积的会计处理

资本公积的会计处理如表 3－2 所示。

表 3－2 资本公积的会计处理

业务内容	会计分录
收到投资者投入的资金	借：银行存款（实际收到的金额） 固定资产（按确定的价值） 贷：实收资本（在注册资本中所占的份额） 资本公积——资本溢价（按差额）
用资本公积转增资本	借：资本公积 贷：实收资本

第三节　短期借款

一、短期借款的概述

短期借款的概述如图 3－3 所示。

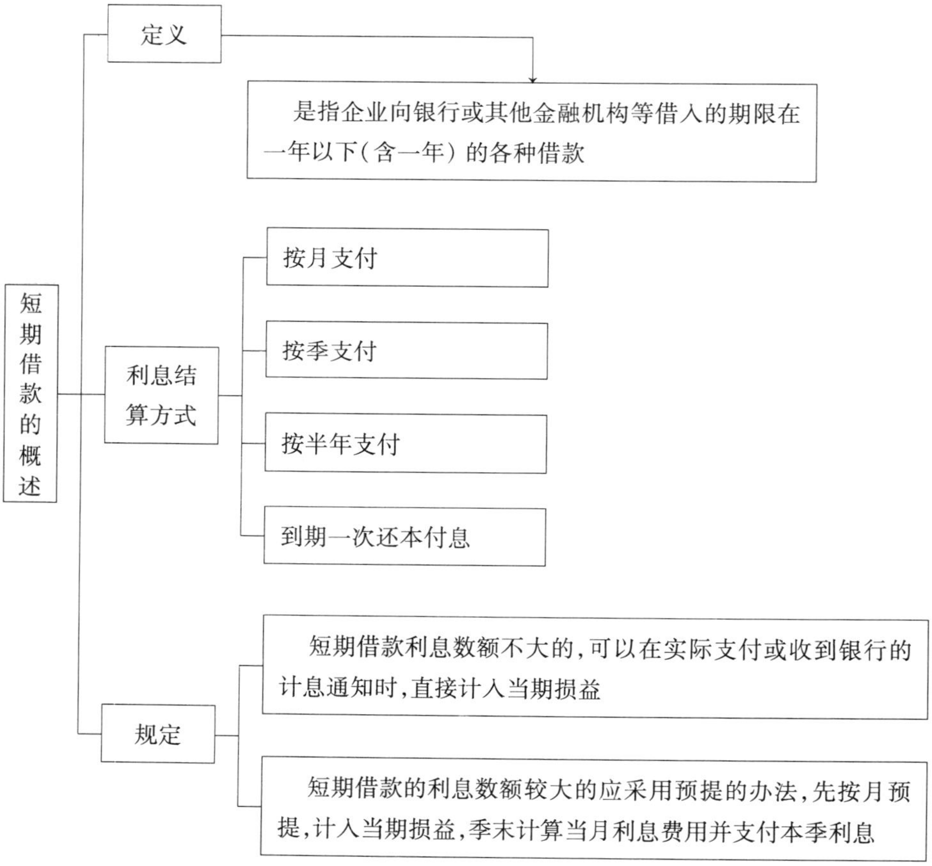

图 3－3　短期借款的概述

二、短期借款的会计处理

短期借款的会计处理涉及以下三个方面，如表 3－3 所示。

表 3－3　短期借款的会计处理

业务内容	会计分录
取得短期借款	借：银行存款 　　贷：短期借款
支付利息	直接支付利息： 借：财务费用 　　贷：银行存款
	预提利息： 借：财务费用 　　贷：应付利息
归还短期借款	借：短期借款 　　贷：银行存款

三、短期借款业务案例

【例 19】2013 年 12 月 7 日，亨利公司由于生产需要向银行借入一笔短期借款，共计 200 000 元，期限为 4 个月，年利率为 9%，到期一次还本付息。应作如下会计处理：

借：银行存款　　200 000

　　贷：短期借款　　200 000

【例 20】2013 年 12 月 7 日，亨利公司支付 11 月份的短期借款利息 1 500 元。应作如下会计处理：

借：财务费用　　1 500

　　贷：银行存款　　1 500

【例 21】2013 年 12 月 7 日，亨利公司归还 5 个月前的短期借款 80 000 元。应作如下会计处理：

借：短期借款　　80 000

　　贷：银行存款　　80 000

第四节　长期借款

一、长期借款的定义及用途

长期借款的定义及用途如图 3－4 所示。

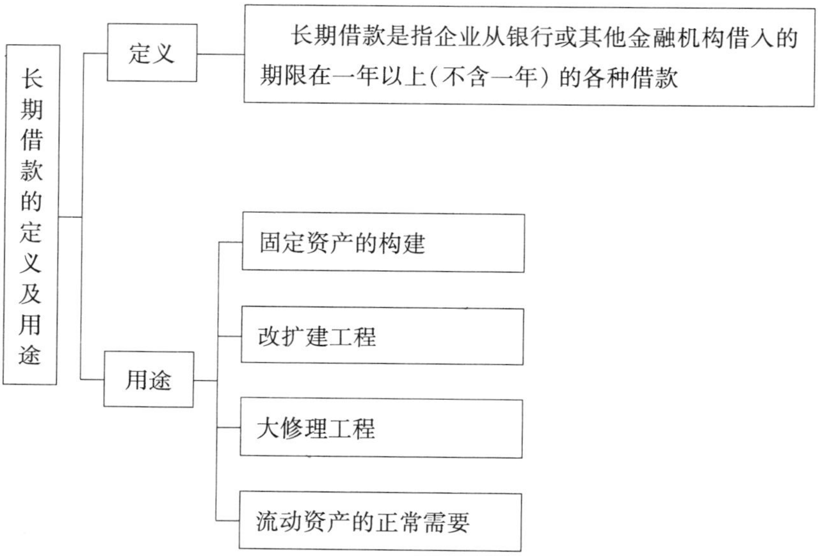

图 3－4　长期借款的定义及用途

二、长期借款的会计处理

长期借款的会计处理如表 3－4 所示。

表 3－4　长期借款的会计处理

业务内容	会计分录
企业借入各种长期借款	借：银行存款 　　长期借款——利息调整（按借贷双方之间的差额） 　　贷：长期借款——本金

（续表）

业务内容	会计分录
计算利息时	借：管理费用（筹建期间） 　　财务费用（生产经营期间、固定资产达到预定使用状态） 　　在建工程（固定资产尚未达到预定使用状态前） 　　贷：应付利息
归还借款时	借：长期借款 　　贷：银行存款

第五节　借款费用

一、借款费用的内容

借款费用的内容如图 3－5 所示。

借款费用的内容		
借款费用的内容	因借款而发生的利息	包括企业从银行或者金融机构等借入资金发生的利息、发行债券而发生的利息，以及为构建固定资产而发生的带息债务应当承担的利息等
	因借款而发生的折价或溢价的摊销	主要是指发行公司债券所发生的折价或溢价
	因借款而发生的辅助费用	是指企业在借款过程中发生的诸如手续费、佣金、印刷费、承诺费等费用
	因外币借款而发生的汇兑差额	是指由于汇率变动导致市场汇率与账面汇率出现差异，从而对外币借款本金及利息的记账本位币金额所产生的影响金额

图 3－5　借款费用的内容

二、借款费用资本化的条件

借款费用资本化的条件如图 3－6 所示。

三、借款费用的会计处理

借款费用的会计处理如表 3－5 所示。

借款费用资本化的条件

- 资产支出已经发生，是指为购建固定资产支付了现金，或转移了非现金资产，或承担了带息债务
- 借款费用已经发生，是指专门资金到位并已开始计息
- 为使固定资产达到预定可使用状态所必要的购建活动已经开始，是指固定资产的实体建造已开始

图 3－6　借款费用资本化的条件

表 3－5　借款费用的会计处理

业务内容		会计分录
为购建固定资产而发生的专门借款的借款费用	在满足借款费用开始资本化的条件时至购建的固定资产达到预定可使用状态前发生的借款费用，应予以资本化，计入相关固定资产的成本	借：在建工程 　贷：长期借款
	在固定资产达到预定可使用状态后发生的借款费用，应于发生时计入当期财务费用	借：财务费用 　贷：长期借款
不是为购建固定资产而发生的其他借款的借款费用	如果借款费用是在企业筹建期间发生的	借：长期待摊费用 　贷：长期借款 在开始生产经营的当月起一次性计入当期损益： 借：管理费用 　贷：长期待摊费用
	如果该借款费用属于生产经营期间的	借：财务费用 　贷：长期借款

第六节　财务费用

一、财务费用的定义及内容

财务费用的定义及内容如图 3－7 所示。

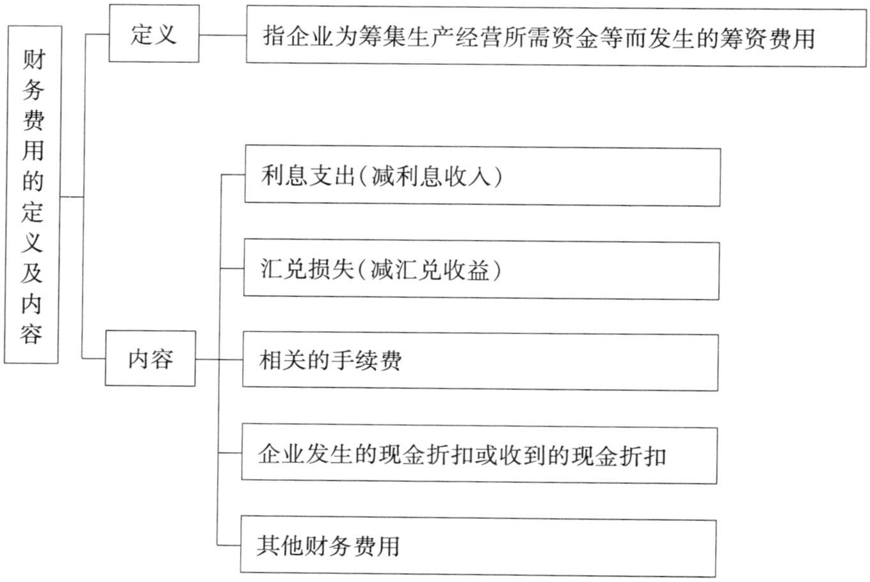

图 3－7　财务费用的定义及内容

二、财务费用的会计处理

财务费用的会计处理如表 3－6 所示。

表 3－6　财务费用的会计处理

业务内容	会计分录
企业发生各项财务费用时	借：财务费用 　　贷：银行存款
当企业发生利息收入时	借：银行存款 　　贷：财务费用

三、财务费用业务案例

【例22】2013年12月8日，亨利公司支付金融机构手续费3 000元。应作如下会计处理：

借：财务费用　　3 000

　　贷：银行存款　　3 000

第七节　应付利息

一、应付利息的定义

应付利息是指企业按照合同约定应支付的利息，包括吸收存款，分期付息到期还本的长期借款，企业债券等应支付的利息。

二、应付利息的会计处理

应付利息的会计处理如表 3－7 所示。

表 3－7　应付利息的会计处理

业务内容	会计分录
发生利息时	借：利息支出 　　在建工程 　　财务费用 　　贷：应付利息
实际支付利息时	借：应付利息 　　贷：银行存款

第四章

采购业务的核算

第一节　固定资产

一、固定资产的概述

1. 固定资产的概念与特征

固定资产的概念与特征如表4－1所示。

表4－1　固定资产的概念与特征

项目	具体内容
概念	固定资产是指为生产商品、提供劳务、出租或经营管理而持有的、使用寿命超过一年的有形资产
特征	企业持有固定资产的目的，是为了生产商品、提供劳务、出租或经营管理的需要，而不像商品一样是为了对外出售
	使用期限在一年以上，并在使用过程中保持原有实物形态
	在使用过程中其价值以折旧的形式分期转入成本费用，并从企业经营收入中得到补偿

2. 固定资产的确认

固定资产在同时满足以下两个条件时，才能予以确认，具体内容如图4－1所示。

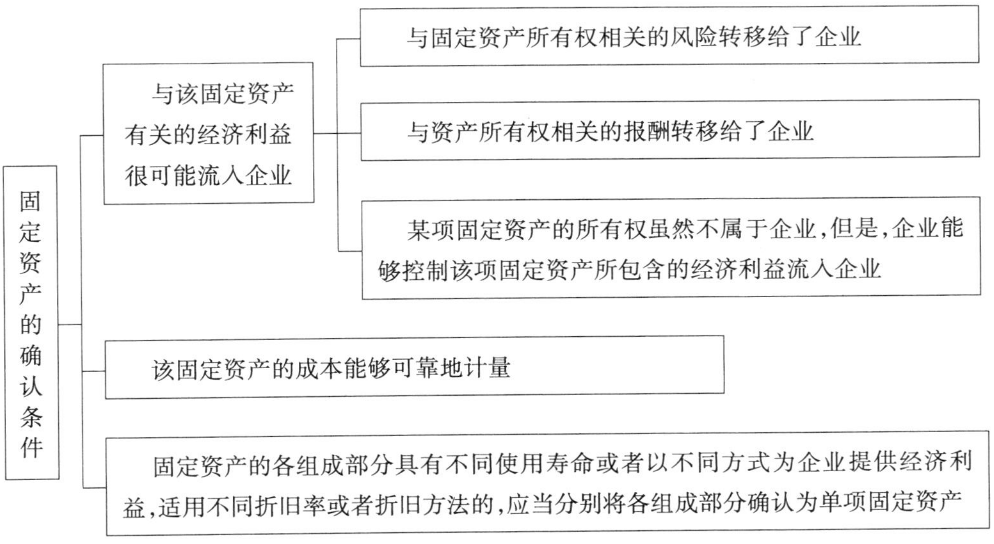

图4－1　固定资产的确认条件

3. 固定资产的分类

固定资产的分类如表 4－2 所示。

表 4－2　固定资产的分类

分类标准	具体内容	
按经济用途分类	生产经营用固定资产	指直接服务于企业生产、经营过程的各种固定资产，如生产经营用的机器设备、运输设备、房屋、器具、工具等
	非生产经营用固定资产	指不直接服务于生产、经营过程的各种固定资产，如幼儿园、职工宿舍、食堂、浴室、理发室等使用的房屋、设备和其他固定资产等
按使用情况分类	使用中的固定资产	指正在使用中的经营性和非经营性的固定资产。 由于季节性经营或大修理等原因，暂时停业使用的固定资产仍属于企业使用中的固定资产。 企业出租给其他单位使用的固定资产和内部替换使用的固定资产，也属于使用中的固定资产
	未使用的固定资产	指已完工或已购建的尚未交付使用的新增固定资产以及进行改建、扩建等原因暂停使用的固定资产
	不需用的固定资产	指本企业多余或不适用，需要调配处理的各种固定资产
按所有权分类	自有固定资产	指企业拥有所有权，可自由支配使用的固定资产
	融资租入固定资产	指企业采用融资租赁方式租入的固定资产。该固定资产的所有权仍属于出租单位，但企业拥有其使用权和实质性的控制权
综合分类	生产经营用固定资产	
	非生产经营用固定资产	
	租出固定资产（指在经营租赁方式下出租给外单位使用的固定资产）	
	不需用的固定资产	
	未使用固定资产	
	土地（指过去已经估价单独入账的土地。因征地而支付的补偿费，应计入与土地有关的房屋、建筑物的价值内，不单独作为土地价值入账）	
	融资租入固定资产（指企业以融资租赁方式租入的固定资产，在租赁期内应视同自有固定资产进行管理）	

二、固定资产增加

1. 固定资产增加的会计处理

固定资产增加的会计处理如表 4 – 3 所示。

表 4 – 3 固定资产增加的会计处理

业务内容		会计分录
外购的固定资产	购入不需要安装的固定资产	借：固定资产 应交税费——应交增值税（进项税额） 贷：银行存款
	购入需要安装的固定资产	购入设备时： 借：在建工程 应交税费——应交增值税（进项税额） 贷：银行存款
		发生安装费用时： 借：在建工程 贷：银行存款
		安装完毕后，达到预定可使用状态时： 借：固定资产 贷：在建工程
自行建造的固定资产	自营方式建造的固定资产	购入工程物资时： 借：工程物资 贷：银行存款
		领用工程物资时： 借：在建工程 贷：工程物资
		工程领用本企业生产的产品时： 借：在建工程 贷：库存商品 应交税费——应交增值税（销项税额）
		分配工程人员工资时： 借：在建工程 贷：应付职工薪酬

（续表）

业务内容		会计分录
自行建造的固定资产	自营方式建造的固定资产	支付其他费用时： 借：在建工程 　　贷：银行存款
		工程完工交付使用时： 借：固定资产 　　贷：在建工程
	出包方式建造的固定资产	按合理估计的发包工程进度和合同规定计算进度款时： 借：在建工程 　　贷：银行存款
		补付工程款时： 借：在建工程 　　贷：银行存款
		工程完工并达到预定可使用状态： 借：固定资产 　　贷：在建工程
投资者投入的固定资产		借：固定资产 　　贷：实收资本
经营租赁方式取得的固定资产	租入方支付租金	借：制造费用 　　贷：银行存款
	出租方业务处理	出租时： 借：固定资产——出租固定资产 　　贷：固定资产——不需用固定资产
		收取租金时： 借：银行存款 　　贷：其他业务收入
		计提折旧时： 借：其他业务成本 　　贷：累计折旧
融资租赁方式取得的固定资产	租入设备时	借：固定资产——融资租入固定资产 　　贷：长期应付款——应付融资租赁款
	租赁期满，设备归承租方所有	借：固定资产——生产用固定资产 　　贷：固定资产——融资租入固定资产

2. 固定资产增加业务案例

【例23】2013年12月8日，亨利公司购入一台需要安装的设备，增值税发票上标明设备买价200 000元，增值税额为34 000元，支付安装费8 000元，款项均以银行存款支付，该设备安装完毕达到预定可使用状态。应作如下会计处理：

(1)购入设备时：

借：在建工程	200 000	
应交税费——应交增值税(进项税额)	34 000	
贷：银行存款		234 000

(2) 发生安装费用时：

借：在建工程	8 000	
贷：银行存款		8 000

(3)安装完毕后，达到预定可使用状态时：

借：固定资产	208 000	
贷：在建工程		208 000

三、固定资产折旧

1. 固定资产折旧的概念

固定资产折旧是指固定资产在生产经营过程中因磨损和损耗而转移到成本费用中去的那部分价值。

2. 影响固定资产折旧的因素

影响固定资产折旧的因素如表4－4所示。

表4－4 影响固定资产折旧的因素

因素	具体内容
固定资产原值	是指固定资产的成本
预计净残值	是指假定固定资产预计使用寿命已满并处于使用寿命终了时的预期状态，企业目前从该项资产处置中获得的扣除预计处置费用后的金额
固定资产使用寿命	是指企业使用固定资产的预计期间，或者该固定资产所能生产产品或提供劳务的数量

3. 固定资产折旧的计提范围

固定资产折旧的计提范围如图4－2所示。

- 固定资产折旧的计提范围
  - 已提足折旧仍继续使用的固定资产不再计提
  - 单独计价入账的土地不再计提
  - 固定资产应当按月计提折旧，当月增加的固定资产，当月不计提折旧，从下月起计提折旧；当月减少的固定资产，当月仍计提折旧，从下月起停止计提折旧
  - 固定资产提足折旧后，不论是否继续使用，均不再计提折旧；提前报废的固定资产，也不再补提折旧
  - 已达到预定可使用状态但尚未办理竣工决算的固定资产，应当按照估计价值确定其成本，并计提折旧。待办理竣工决算后，再按实际成本调整原来的暂估价值，但不需要调整原已计提的折旧额

图 4－2　固定资产折旧的计提范围

4. 固定资产折旧的计提方法

(1)年限平均法。

年限平均法的定义及计算公式如图 4－3 所示。

- 年限平均法
  - 定义
    - 年限平均法又称直线法，是将固定资产的折旧额均衡地分摊到各期的一种方法
  - 计算公式
    - 年折旧率 ＝(1－预计净残值率)÷预计使用年限
    - 月折旧率 ＝年折旧率÷12
    - 月折旧额 ＝固定资产原值×月折旧率

图 4－3　年限平均法的定义及计算公式

【例4－1】 亨利公司有办公楼一幢，原值为2 000 000元，预计可使用年限20年，按照有关规定，该办公楼报废时的净残值率为2%。亨利公司办公楼的折旧率和折旧额的计算如下：

年折旧率＝(1－2%)÷20＝4.9%；

月折旧率＝4.9%÷12＝0.41%；

月折旧额＝0.41%×2 000 000＝8 200(元)。

(2)工作量法。

工作量法的定义及计算公式如图4－4所示。

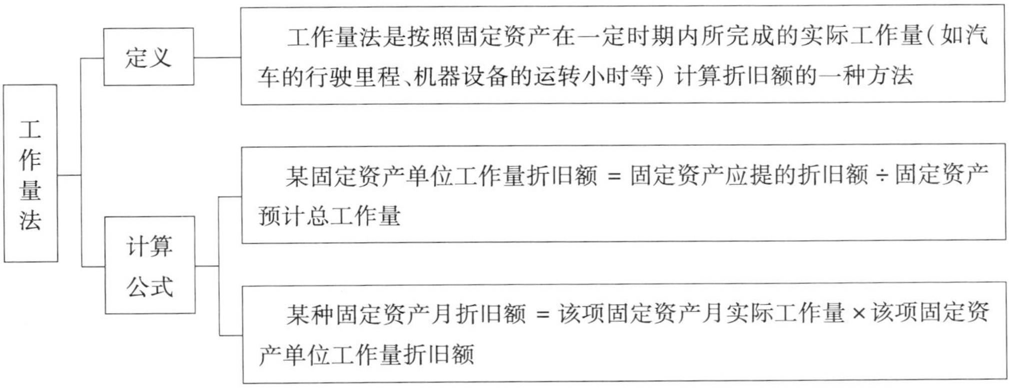

图4－4　工作量法的定义及计算公式

【例4－2】 亨利公司有一辆载重汽车，原值250 000，预计净残值率5%，估计折旧年限内行驶里程为100 000千米，某月实际行驶里程为2 500千米，则该辆载重汽车该月应计提折旧额的计算为：

单位里程折旧额＝250 000×(1－5%)÷100 000＝2.375(元/千米)；

月折旧额＝2 500×2.375＝5 937.5(元)。

(3)双倍余额递减法。

双倍余额递减法的定义及计算公式如图4－5所示。

双倍余额递减法的计算要求如图4－6所示。

- 双倍余额递减法
  - 定义
    - 双倍余额递减法是指在不考虑固定资产净残值的情况下，用双倍直线折旧率乘以固定资产期初账面净值（固定资产账面余额减累计折旧），以计算固定资产折旧额的一种方法
  - 计算公式
    - 年折旧额 = 期初固定资产账面净值 × 双倍直线年折旧率
    - 双倍直线年折旧率 = 2/ 预计使用年限 × 100%
    - 月折旧率 = 年折旧率 /12
    - 月折旧额 = 期初固定资产账面净值 × 月折旧率

图 4－5　双倍余额递减法的定义及计算公式

- 计算要求
  - 确定年折旧率
  - 计算折旧的基数
  - 最后两年改为平均年限法
  - 最后一年末的账面净值等于预计净残值

图 4－6　双倍余额递减法的计算要求

【例 4－3】亨利公司有一项固定资产的原价为 300 000 元，预计使用年限为 5 年，预计净残值 4%，按双倍余额递减法计提折旧，每年的折旧额计算如下：

预计净残值＝300 000×4%＝12 000（元）；

年折旧率＝2/5×100%＝40%；

第 1 年应提的折旧额＝300 000×40%＝120 000（元）；

第 2 年应提的折旧额＝（300 000－120 000）×40%＝72 000（元）；

第 3 年应提的折旧额＝（300 000－120 000－72 000）×40%＝43 200（元）；

第 4、5 年应提的折旧额＝（64 800－12 000）/2＝26 400（元）。

（4）年数总和法。

年数总和法的定义及计算公式如图 4－7 所示。

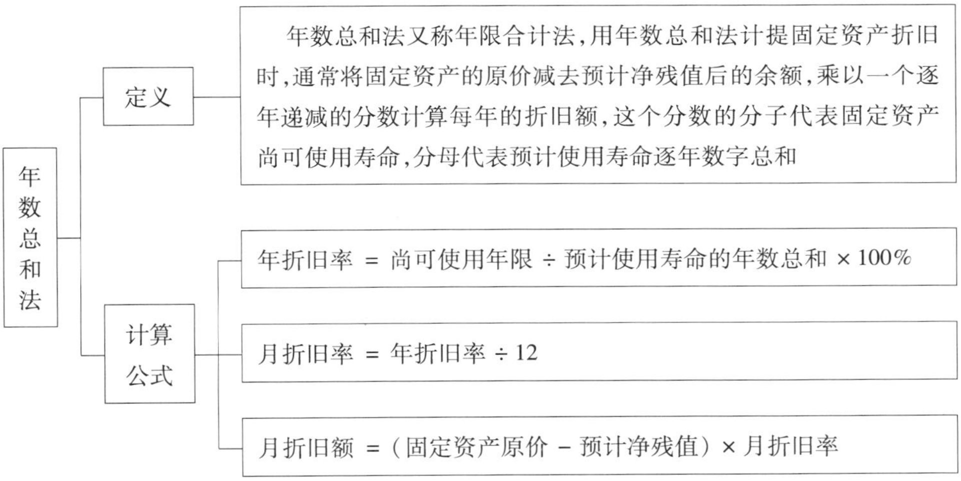

图 4－7　年数总和法的定义及计算公式

【例 4－4】 接**【例 4－3】**，假如采用年数总和法，计算的各年折旧额如表 4－5 所示。

表 4－5　固定资产各年折旧额

年份	尚可使用年限	原值－净残值	年折旧率	年折旧额	累计折旧
1	5	288 000	5/15	96 000	96 000
2	4	288 000	4/15	76 800	172 800
3	3	288 000	3/15	57 600	230 400
4	2	288 000	2/15	38 400	268 800
5	1	288 000	1/15	19 200	288 000

5. 固定资产折旧的会计处理

固定资产应当按月计提折旧，计提的折旧应当计入"累计折旧"，并根据用途计入相关资产的成本或者当期损益。会计分录如表 4－6 所示。

表 4－6　固定资产折旧的会计处理

业务内容	会计分录
固定资产计提折旧，应根据固定资产的使用地点和用途，计入有关成本费用	借：在建工程（自行建造固定资产过程中使用的固定资产） 　　制造费用（基本生产车间所使用的固定资产） 　　管理费用（管理部门所使用的固定资产） 　　销售费用（销售部门所使用的固定资产） 　　其他业务成本（经营租出的固定资产） 　　贷：累计折旧

（续表）

业务内容	会计分录
因出售、报清理、盘亏等原因减少固定资产而应转销已提折旧额	借：累计折旧 贷：相关科目

6. 固定资产折旧业务案例

【例24】2013年12月10日，亨利公司计提固定资产折旧的情况如下：车间厂房计提折旧43 000元，管理部门房屋建筑物计提折旧26 000元，销售部门运输工具计提折旧17 000元。应作如下会计处理：

借：制造费用　　43 000

管理费用　　26 000

销售费用　　17 000

贷：累计折旧　　86 000

四、固定资产减少

1. 固定资产减少的会计处理

在企业中，固定资产会因使用期限到期而发生报废；因生产条件改变，致使某种固定资产不适用或不需用而需要有偿或无偿地转出；因自然灾害等非正常原因发生毁损；或因技术进步造成固定资产的提前报废。以上情形都会引起企业固定资产的减少，企业应根据减少的原因进行相应的会计处理。

固定资产减少的会计处理如表4－7所示。

表4－7　固定资产减少的会计处理

业务内容	会计分录
出售、报废、毁损、投资转出固定资产转入清理时	借：固定资产清理 累计折旧 贷：固定资产
收回出售固定资产的价款时	借：银行存款 贷：固定资产清理
残料入库时	借：原材料 贷：固定资产清理

（续表）

业务内容	会计分录
计算应缴纳的营业税时	借：固定资产清理 　　贷：应交税费——应交营业税
应由保险公司或过失人赔偿的损失	借：其他应收款 　　贷：固定资产清理
清理净损益	生产经营期间正常的处理损失： 借：营业外支出——非流动资产处置损失 　　贷：固定资产清理
	自然灾害等非正常原因造成的损失： 借：营业外支出——非常损失 　　贷：固定资产清理
	固定资产清理完成后的净收益： 借：固定资产清理 　　贷：营业外收入

2. 固定资产减少业务案例

【例 25】 2013 年 12 月 11 日，亨利公司现有一台设备由于技术过失原因决定提前报废，原价 300 000 元，已计提折旧 250 000 元，未计提减值准备。报废时的残值变价收入为 20 000 元，报废清理过程中发生清理费用 2 000 元。有关收入、支出均通过银行办理结算。应作如下会计处理：

(1) 将报废固定资产转入清理时：

借：固定资产清理　　50 000
　　累计折旧　　250 000
　　贷：固定资产　　300 000

(2) 收回残料变价时：

借：银行存款　　20 000
　　贷：固定资产清理　　20 000

(3) 支付清理费用时：

借：固定资产清理　　2 000
　　贷：银行存款　　2 000

(4) 结转报废固定资产发生的净损失：

借：营业外支出——非流动资产处置损失　　32 000
　　贷：固定资产清理　　32 000

五、固定资产清查

1. 固定资产清查的会计处理

固定资产清查的会计处理如表 4 –8 所示。

表 4 –8　固定资产清查的会计处理

业务内容		会计分录
固定资产盘盈	盘盈固定资产时	借：固定资产 　贷：以前年度损益调整
	确定应交纳的所得税时	借：以前年度损益调整 　贷：应交税费——应交所得税
	结转为留存收益时	借：以前年度损益调整 　贷：利润分配——未分配利润 　　盈余公积——法定盈余公积
固定资产盘亏	盘亏固定资产时	借：待处理财产损溢——待处理固定资产净损溢 　累计折旧 　贷：固定资产
	报经批准转销时	借：营业外支出——盘亏损失 　贷：待处理财产损溢——待处理固定资产净损溢

2. 固定资产清查业务案例

【例 26】2013 年 12 月 13 日，亨利公司进行财产清查时发现短缺打印机一台，原价为 15 000 元，已计提折旧 10 000 元。应作如下会计处理：

(1)盘亏固定资产时：

借：待处理财产损溢——待处理固定资产净损溢　5 000
　累计折旧　10 000
　贷：固定资产　15 000

(2)报经批准转销时：

借：营业外支出——盘亏损失　5 000
　贷：待处理财产损溢——待处理固定资产净损溢　5 000

第二节　原材料

一、原材料的概述

原材料的定义及其内容如图 4－8 所示。

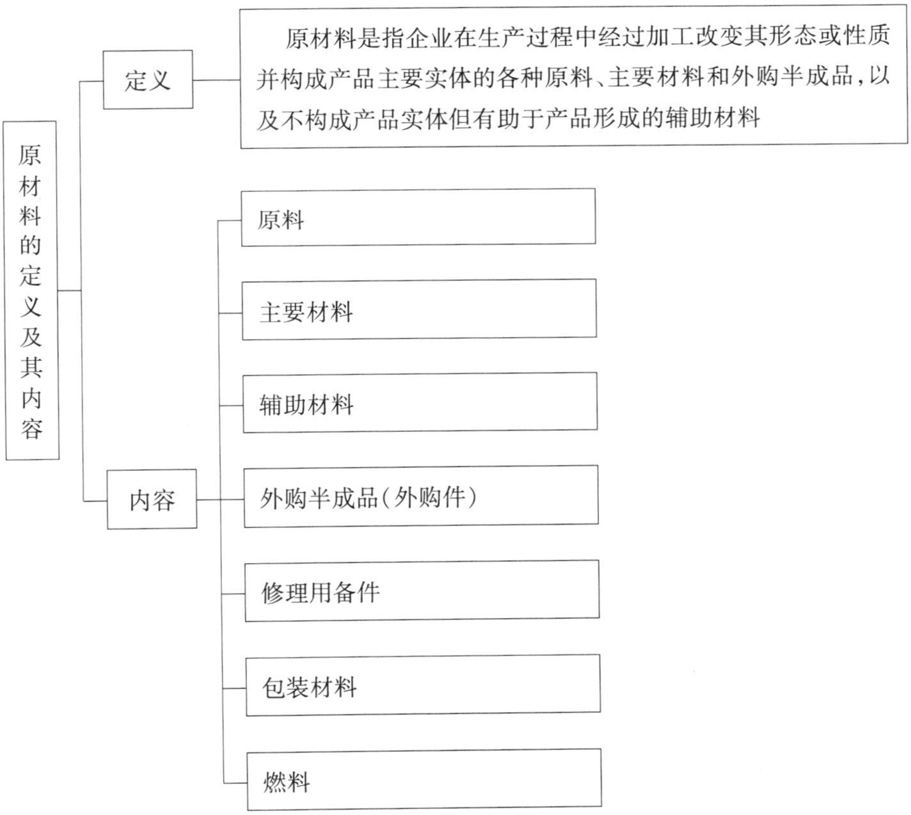

图 4－8　原材料的定义及其内容

二、原材料的会计处理

原材料的会计处理如表 4－9 所示。

表 4－9　原材料的会计处理

<table>
<tr><th colspan="2">主要内容</th><th>会计分录</th></tr>
<tr><td colspan="2">发票与材料同时到达企业</td><td>根据发票账单上记载的金额和材料入库单等单据来确定材料的实际成本，并进行以下会计分录：
借：原材料
应交税费——应交增值税（进项税额）
贷：银行存款（应付票据等）</td></tr>
<tr><td colspan="2">货款已付，材料尚未到达</td><td>（1）可根据有关结算凭证中记载的付款材料的价值进行以下会计分录：
借：在途物资
应交税费——应交增值税（进项税额）
贷：银行存款（应付票据等）
（2）当材料到达企业并验收入库时，再进行以下会计分录：
借：原材料
贷：在途物资</td></tr>
<tr><td rowspan="2">材料已验收入库，货款尚未支付</td><td>发票账单尚未收到，货款尚未支付</td><td>为简化核算手续，如果发生在月份之内，可暂不进行会计分录；如果月份终了还未收到发票账单，则可以按合同价格进行以下会计分录：
（1）当月月末作分录：
借：原材料
贷：应付账款——暂估应付账款
（2）下月初作分录：
借：应付账款——暂估应付账款
贷：原材料
（3）发票到达时：
借：原材料
应交税费——应交增值税（进项税额）
贷：应付账款（银行存款等）</td></tr>
<tr><td>发票已收到，货款尚未支付</td><td>借：原材料
应交税费——应交增值税（进项税额）
贷：应付账款</td></tr>
</table>

（续表）

主要内容		会计分录
采用预付货款方式采购物资	预付材料款时	借：预付账款 　　贷：银行存款
	材料验收入库	借：原材料 　　应交税费——应交增值税（进项税额） 　　贷：预付账款 如预付款项不足： 借：预付账款 　　贷：银行存款 如收到退回的多付款： 借：银行存款 　　贷：预付账款
所购材料发生正常损耗与短缺	正常、合理损耗	应计入材料的采购成本
	能够确定责任	应由相关责任人（如供货单位、运输单位、保险公司或其他过失人）负责赔偿的，所赔偿的金额应从“在途物资”账户转入“应付账款”或“其他应收款”账户
	自然灾害造成的损失	按扣除的残料价值和保险公司赔偿后的净损失，计入“营业外支出”账户；属于无法收回损失，经相关责任人批准后，计入“管理费用”账户
企业属于小规模纳税人		企业购入材料的货款和增值税款，应直接计入相关材料的成本

三、原材料业务案例

【例27】2013年12月14日，亨利公司从外地购入生产用材料一批，价款300 000元，增值税额51 000元，对方代垫保险费1 500元，全部款项均已用银行存款支付，但材料尚未验收入库。应作如下会计处理：

借：在途物资	301 500	
应交税费——应交增值税（进项税额）	51 000	
贷：银行存款		352 500

【例28】承**【例27】**，12月15日，材料收到并已验收入库，应作如下会计处理：

借：原材料	301 500	
贷：在途物资		301 500

【例29】2013 年 12 月 15 日，亨利公司与甲公司签订一份材料购货合同，需要亨利公司先预付货款。亨利公司通过银行转账预付给甲公司 310 000 元，应作如下会计处理：

借：预付账款——甲公司　310 000

　贷：银行存款　310 000

【例30】12 月 16 日，收到甲公司的材料并验收入库，亨利公司收到甲公司寄来的增值税专用发票，上面标明材料价款 300 000 元，增值税额 51 000 元。需要补付货款 41 000元。应作如下会计处理：

借：原材料　300 000

　应交税费——应交增值税(进项税额)　51 000

　贷：预付账款——甲公司　310 000

　　银行存款　41 000

【例31】2013 年 12 月 16 日，亨利公司向 A 公司购入原材料 1 000 千克，每千克 200 元，价款 200 000 元，增值税额为 34 000 元，货款已通过银行转账支付。应作如下会计处理 ：

借：在途物资　200 000

　应交税费——应交增值税(进项税额)　34 000

　贷：银行存款　234 000

【例32】2013 年 12 月 17 日，亨利公司收到 A 公司原材料，验收时发现短缺 50 千克。原因尚未查明，应作如下会计处理：

借：原材料　190 000

　待处理财产损溢——待处理流动资产损溢　11 700

　贷：在途物资　200 000

　　应交税费——应交增值税(进项税额转出)　1 700

【例33】2013 年 12 月 18 日，亨利公司查明原因，材料短缺由运输部门造成，应由运输部门赔偿，应作如下会计分录：

借：其他应收款——运输部门　11 700

　贷：待处理财产损溢——待处理流动资产损溢　11 700

第三节　应付票据

一、应付票据的概述

应付票据的定义及分类如图 4－9 所示。

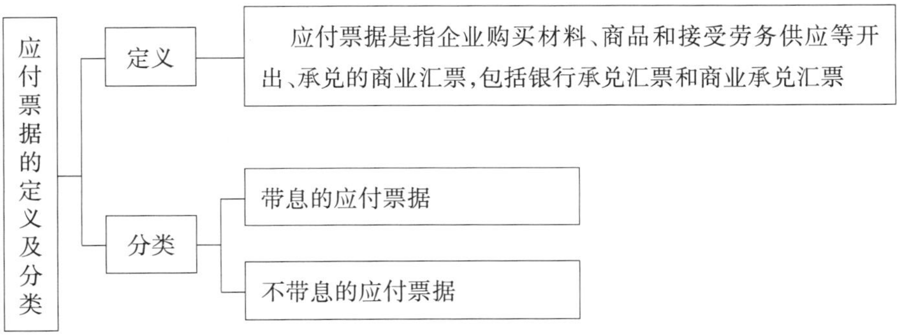

图 4－9　应付票据的定义及分类

二、应付票据的会计处理

应付票据的会计处理如表 4－10 所示。

表 4－10　应付票据的会计处理

业务内容	会计分录
开出商业汇票	借：应付账款等 　　贷：应付票据
支付银行承兑汇票的手续费	借：财务费用 　　贷：银行存款
收到银行支付到期票据的付款通知	借：应付票据 　　贷：银行存款
带息票据的期末计息	借：财务费用 　　贷：应付票据
票据到期支付本息	借：应付票据 　　财务费用 　　贷：银行存款

（续表）

业务内容	会计分录
应付票据到期，如企业无力支付票据款	商业承兑汇票结算的： 借：应付票据 　　贷：应付账款 银行承兑汇票结算的： 借：应付票据 　　贷：短期借款

3. 应付票据业务案例

【例 34】2013 年 12 月 19 日，亨利公司购入价款为 50 000 元的原材料一批，增值税为 8 500 元，签发一张金额为 58 500 元、期限为 4 个月的不带息银行承兑汇票，同时支付手续费 29.25 元。应作如下会计处理：

（1）购入原材料时：

借：原材料　　50 000

　　应交税费——应交增值税（进项税额）　　8 500

　　贷：应付票据　　58 500

（2）支付银行承兑汇票手续费时：

借：财务费用　　29.25

　　贷：银行存款　　29.25

第四节 应付账款

一、应付账款的定义

应付账款是指企业因购买材料、商品和接受劳务供应等应支付给供应单位，但尚未支付的款项，是企业由于赊购行为而产生的一项应付债务。

二、应付账款的入账时间和入账价值

应付账款的入账时间和入账价值如图 4 – 10 所示。

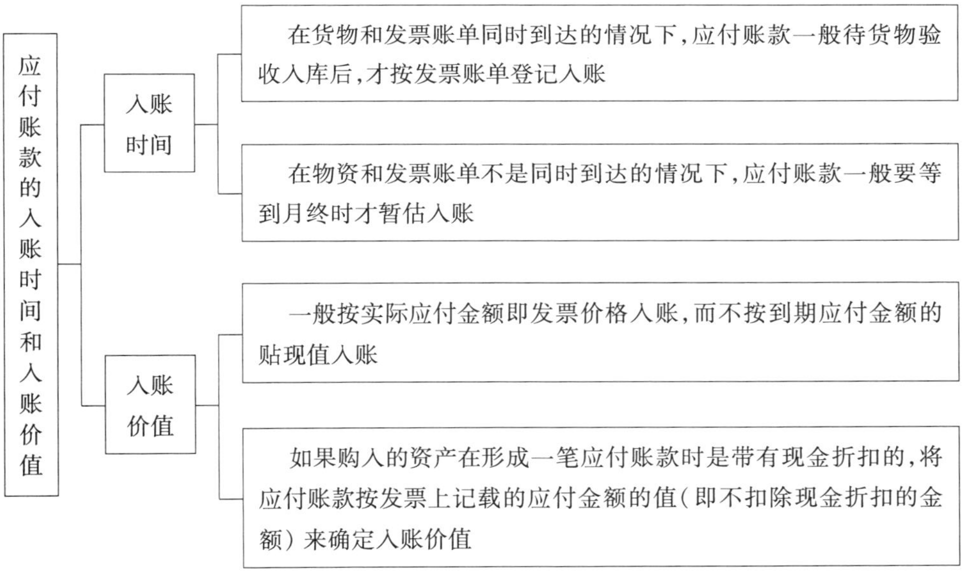

图 4 – 10 应付账款的入账时间和入账价值

三、应付账款的会计处理

应付账款的会计处理如表 4 – 11 所示。

表 4－11　应付账款的会计处理

业务内容	会计分录
应付账款发生时	借：原材料等 　　应交税费——应交增值税（进项税额） 　　贷：应付账款
偿还应付账款时	借：应付账款 　　贷：银行存款 　　　　应付票据
应付账款因债权单位撤销或其他原因无法支付的	借：应付账款 　　贷：营业外收入

四、应付账款业务案例

【例 35】2013 年 12 月 19 日，亨利公司从甲企业购入原材料一批，货款 200 000 元，增值税 34 000 元，发票账单已到，货款未付。材料已验收入库，应作如下会计处理：

借：原材料　　200 000

　　应交税费——应交增值税（进项税额）　　34 000

　　贷：应付账款——甲企业　　234 000

【例 36】2013 年 12 月 19 日，亨利公司开出一张金额为 200 000 元的支票，偿还欠 A 企业的货款。应作如下会计处理：

借：应付账款——A 企业　　200 000

　　贷：银行存款　　200 000

第五节　应交税费

企业在一定时期内取得的营业收入和实现的利润，占用的国家资源，以及从事其他应税项目经营，要按照规定向国家交纳各种税费。按照权责发生制原则的要求，这些应交的税费，应当提前计入有关科目。在尚未交纳之前暂时留在企业，形成企业的一项负债。应交税费的类别如图 4 –11 所示。

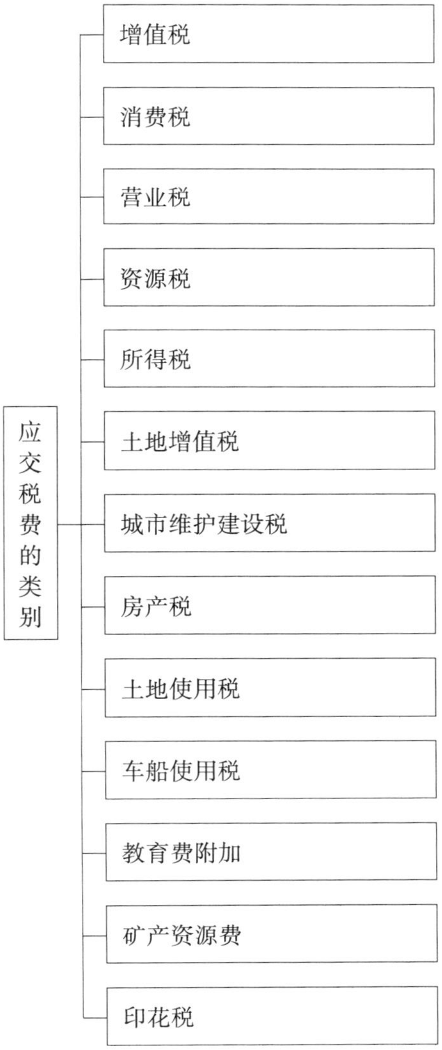

图 4 –11　应交税费的类别

一、增值税

增值税是指对在我国境内销售货物、进口货物，或提供加工、修理修配劳务的增值额征收的一种流转税。

1. 进项税额的抵扣

(1)可以抵扣的进项税额。

如果企业属于一般纳税人，企业购入货物或接受应税劳务所支付的增值税(进项税额)，可以从销售货物或提供劳务按规定收取的增值税(销项税额)中抵扣，可抵扣进项税额的内容如图4－12所示。

可抵扣进项税额的内容

- 增值税专用发票。购货方以增值税专用发票上记载的购入货物已支付的税额作为扣税和记账凭证
- 完税凭证。进口货物交纳的增值税是根据从海关取得的完税凭证上注明增值税额作为扣税和记账凭证的
- 购进免税农产品或收购废旧物资。购进免税农产品或收购废旧物资，应按照经税务机关批准的收购凭证上注明的价款或收购金额的一定比率计算进项税作为扣税和记账的依据

图4－12　可抵扣进项税额的内容

(2)不可抵扣的进项税额。

不可抵扣的进项税额的内容如图4－13所示。

不可抵扣的进项税额的内容

- 购进固定资产(现行增值税法符合条件的购进固定资产的进项税额可以抵扣)
- 用于免税项目的购进货物或应税劳务
- 用于非应税项目的购进货物或应税劳务
- 用于集体福利或者个人消费的购进货物或者应税劳务
- 非正常损失的购进货物;非正常损失的在产品、产成品所耗用的购进货或者应税劳务

图4－13　不可抵扣的进项税额的内容

2. 增值税明细科目的设置

企业应根据需要，在“应交税费”科目下设置“应交增值税”和“未交增值税”两个明细科目进行核算，增值税明细科目的设置如表4－12所示。

表4－12　增值税明细科目的设置

明细科目设置	明细科目登记内容	
应交增值税	借方发生额，反映企业购进货物或接受应税劳务支付的进项税额、实际已缴纳的增值税额和月终转出的当月应交未交的增值税额	
	贷方发生额，反映企业销售货物或提供应税劳务收取的销项税额、出口企业收到出口退税以及进项税额转出数和转出多交增值税	
	期末借方余额反映企业尚未抵扣的增值税	
	为了详细核算企业应缴纳增值税的计算和解缴、抵扣等情况，企业应在“应交增值税”下设以下专栏	
	进项税额	用来登记企业购入商品或接受应税劳务时支付的、准予从销项税额中抵扣的增值税额
	销项税额	登记企业销售商品或提供应税劳务应收取的增值税额
	转出未交增值税	登记月末转出的当月未交增值税额
	减免税额	登记企业享受增值税减免税政策而发生的减免税款
	已交税金	登记企业已经交纳的税款
	进项税额转出	登记企业购进商品发生非正常损失以及其他原因而不应从销项税额中抵扣需要按规定转出的进项税额
	出口退税	登记企业出口商品并向海关办理了相关的报关手续后，凭出口报关单等有关凭证，向税务机关申报办理出口退税而收回的税款
	转出多交增值税	登记企业月末转出的当月多交的增值税额
	出口抵减内销产品应纳税额	登记企业按规定的退税率计算的出口货物的当期抵免税额
未交增值税	借方发生额，反映企业月终转入的多交的增值税	
	贷方发生额，反映企业月终转入的当月发生的应交未交增值税	
	期末借方余额反映多交的增值税，贷方余额反映未交的增值税	

3. 增值税的会计处理

增值税的会计处理如表4－13所示。

表 4－13　增值税的会计处理

情　形		会计分录
进项税额	企业采购物资、取得增值税发票时	借：材料采购（库存商品等相应科目） 　　应交税费——应交增值税（进项税额） 　　贷：银行存款（应付账款、应付票据等科目）
	进口的货物，应根据海关提供的完税证明计算进项税额	借：库存商品（相应科目） 　　应交税费——应交增值税（进项税额） 　　贷：银行存款（应付账款、应付票据等科目）
	购入免税农产品，应按买价和13%的扣除率计算进项税额	借：库存商品（相应科目） 　　应交税费——应交增值税（进项税额） 　　贷：银行存款
已交税金	企业缴纳税款时	借：应交税费——应交增值税（已交税金） 　　贷：银行存款
	收到退回多交税款时	借：银行存款 　　贷：应交税费——应交增值税（已交税金）
销项税额	销售货物或提供应税劳务	借：银行存款 　　贷：主营业务收入 　　　　应交税费——应交增值税（销项税额）
	将自产、委托加工物资用于非应税项目或用于集体福利	都应视同销售货物，计算销项税额，进行相关会计分录
	将自产、委托加工或购买的货物进行投资，或无偿赠送他人	也应视同销售货物计算销项税额
	随同产品出售的包装物	随同产品出售但单独计价的包装物、逾期未退回的包装物押金，应计算销项税额
进项税额转出		购进的商品、成品发生非正常损失或改变用途时，其进项税额应借记相关科目，贷记“应交税费——应交增值税进项税额转出）”科目
企业出口适用零税率的货物，在收到出口货物退回的税款后		借：银行存款 　　贷：应交税费——应交增值税（出口退税）

（续表）

情形		会计分录
转出未交增值税、转出多交增值税	企业计算当月应交未交的增值税时	借：应交税费——应交增值税（转出未交增值税） 　贷：应交税费——未交增值税
	企业计算当月多交的增值税时	借：应交税费——未交增值税 　贷：应交税费——应交增值税（转出多交增值税）
	次月实际交纳上月应交的增值税时	借：应交税费——未交增值税 　贷：银行存款
收到即征即退、先征后退等返还的增值税时		借：银行存款 　贷：补贴收入

4. 增值税业务案例

【例37】 2013年12月19日，亨利公司作为一般纳税人从外购进一批材料，增值税发票上标明材料价款100 000元，增值税额17 000元，对方代垫运费1 000元（运费的7%可作为进项税额准予扣除），材料已验收入库。应作如下会计处理：

借：原材料	100 930	
应交税费——应交增值税（进项税额）	17 070	
贷：银行存款		118 000

二、消费税

1. 消费税的定义及征税范围

消费税的定义及征税范围如图4－14所示。

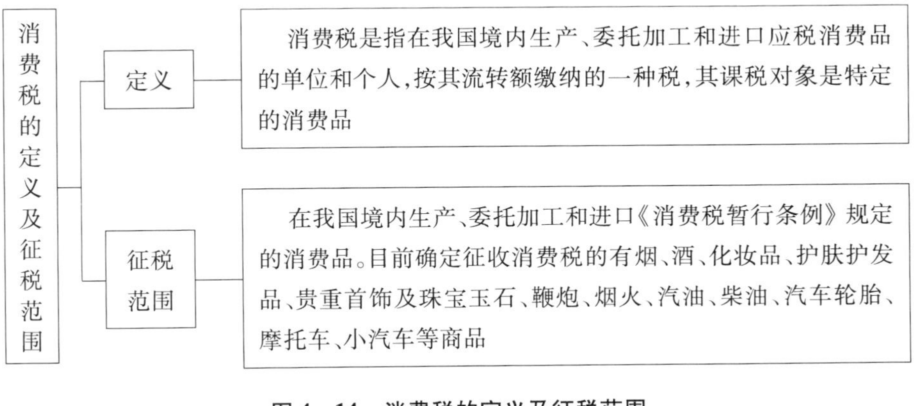

图4－14　消费税的定义及征税范围

2. 消费税的计算方法

消费税应纳税额的计算分为从价定率和从量定额两种计算方法。其取决因素与计算公式如表4－14所示。

表4－14　应交消费税的计算方法

方法	因素	计算公式
从价定率计算法	应税消费品的销售额和适用税率	应纳税额＝应税消费品的销售额×适用税率
从量定额计算法	应税消费品的销售数量和单位税额	应纳税额＝应税消费品的销售数量×单位税额

3. 消费税的会计处理

消费税的会计处理如表4－15所示。

表4－15　消费税的会计处理

情形	会计分录
销售需要缴纳消费税的物资应交的消费税	借：营业税金及附加 贷：应交税费——应交消费税
随同商品出售但单独计价的包装物，按规定应交纳的消费税	借：其他业务成本 贷：应交税费——应交消费税
出租、出借包装物逾期未收回，没收的押金应交的消费税	借：营业外收入 贷：应交税费——应交消费税
交纳消费税	借：应交税费——应交消费税 贷：银行存款

4. 消费税业务案例

【例38】2013年12月19日，亨利公司向甲公司销售C应税消费品，售价为30 000元，增值税额为5 100元，使用的消费税率10%，货款尚未收到。应作如下会计处理：

(1)销售时：

借：应收账款——甲公司　35 100

贷：主营业务收入　30 000

应交税费——应交增值税(销项税额)　5 100

(2)计算消费税时：

应纳消费税税额＝30 000×10%＝3 000(元)。

借：营业税金及附加　3 000

贷：应交税费——应交消费税　3 000

三、营业税

1. 营业税的概述

营业税的概述如图 4－15 所示。

营业税的概述

- 营业税是对在我国提供劳务、出售无形资产或销售不动产的行为为课税对象所征收的一种税
- 营业税的计税依据是营业额。营业额为纳税人提供应税劳务、转让无形资产或者销售不动产向对方收取的全部价款和价外费用
- 企业收到先征后返的营业税，应于收到当期冲减“营业税金及附加”或“其他业务成本”科目

图 4－15　营业税的概述

2. 营业税的征税范围

营业税的征税范围如图 4－16 所示。

营业税的征税范围

- 应税劳务：指属于建筑业、金融保险业、邮电通信业、文化体育业、娱乐业、服务业税目征收范围的劳务，不包括加工、修理和修配等劳务
- 转让无形资产：指转让无形资产的所有权或使用权的行为
- 销售不动产：指有偿转让不动产的所有权。转让不动产的有限产权或永久使用权以及单位将不动产无偿赠与他人，视同销售不动产

图 4－16　营业税的征税范围

3. 营业税的计算方法

营业税税款的计算比较简单。纳税人提供应税劳务、转让无形资产或者销售不动产，按照营业额和规定的适用税率计算应纳税额。其计算公式为：

$$应纳税额 = 营业额 \times 营业税税率$$

4. 营业税的会计处理

营业税的会计处理如表 4－16 所示。

表 4－16　营业税的会计处理

情形	会计分录
按营业额和规定的税率，计算应交的营业税	借：营业税金及附加 　　贷：应交税费——应交营业税
出租或出售无形资产	出租时： 借：其他业务成本 　　营业税金及附加 　　贷：应交税费——应交营业税 出售时： 借：银行存款 　　累计折旧 　　无形资产减值准备 　　营业外支出——非流动资产处置损失 　　贷：无形资产 　　　　应交税费——应交营业税 　　　　营业外收入——非流动资产处置利得
销售不动产应交纳的营业税	借：固定资产清理 　　贷：应交税费——应交营业税
交纳营业税	借：应交税费——应交营业税 　　贷：银行存款

5. 营业税业务案例

【例 39】 2013 年 12 月 20 日，亨利公司出售仓库一间，该仓库的账面原值为 1 000 000 元，已提折旧 700 000 元，出售过程中用银行存款支付清理费用 10 000 元，出售所得的 650 000 元已存入银行，营业税税率为 5%。应作如下会计处理：

(1) 将仓库转入清理时：

借：固定资产清理　　300 000

　　累计折旧　　700 000

　　贷：固定资产　　1 000 000

(2) 收到价款时：

借：银行存款　　650 000

　　贷：固定资产清理　　650 000

(3)支付清理费用和计算应交的营业税时：

应交营业税＝650 000×5%＝32 500(元)。

	借方	贷方
借：固定资产清理	42 500	
贷：银行存款		10 000
应交税费——应交营业税		32 500

(4)结转出售仓库实现的利得307 500元：

	借方	贷方
借：固定资产清理	307 500	
贷：营业外收入		307 500

四、资源税

1. 资源税的概述

资源税的定义及征税范围如图4－17所示。

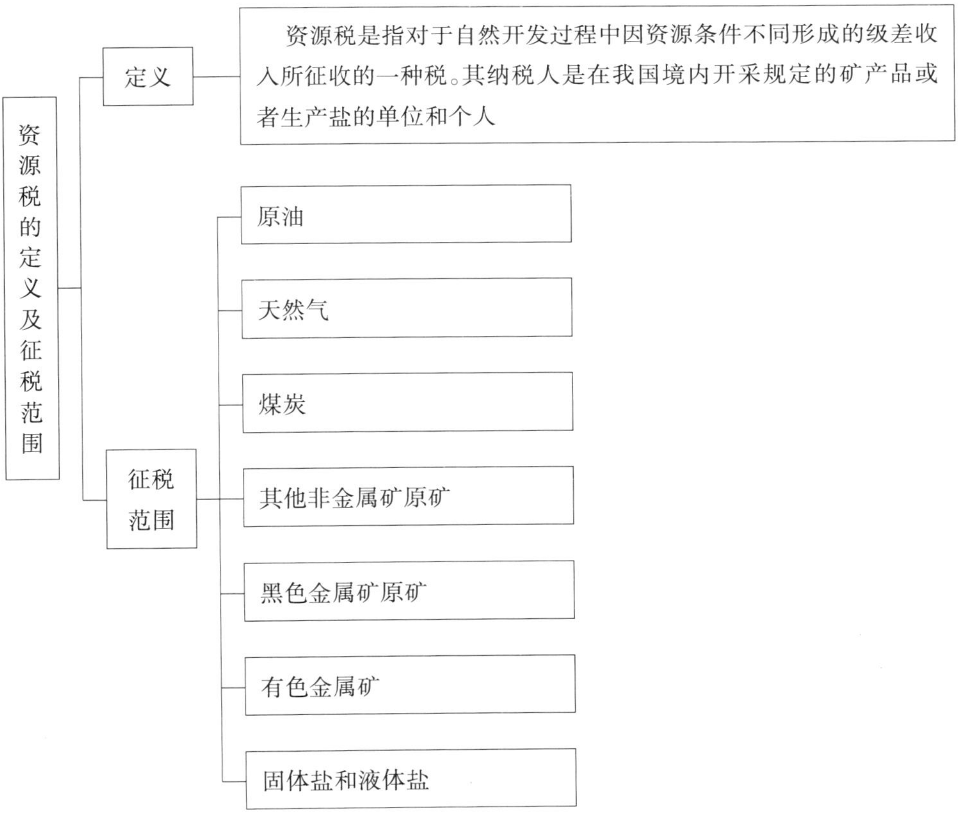

图4－17　资源税的定义及征税范围

2. 资源税的计算方法

（1）从价定率征收。

应纳税额 =（不含增值税）销售额 × 比例税率

（2）从量定额征收。

应纳税额 = 课税数量 × 适用的单位税额

3. 资源税的会计处理

资源税的会计处理如表 4－17 所示。

表 4－17　资源税的会计处理

情形	会计分录
销售物资应交纳的资源税	借：营业税金及附加 　贷：应交税费——应交资源税
自产自用的物资应交纳的资源税	借：生产成本 　贷：应交税费——应交资源税
收购未税矿产品时，代扣代交的资源税	借：材料采购 　贷：应交税费——应交资源税
交纳资源税	借：应交税费——应交资源税 　贷：银行存款

五、土地增值税

1. 土地增值税定义及征税范围

土地增值税定义及征税范围如图 4－18 所示。

2. 土地增值税的征收方法

土地增值税是以转让房地产取得的收入，减除法定扣除项目金额后的增值额作为计税依据，并按照四级超率累进税率进行征收。具体内容如图 4－19 所示。

3. 土地增值税的会计处理

土地增值税的会计处理如表 4－18 所示。

- 土地增值税的定义及征税范围
  - 定义
    - 土地增值税是指在我国境内有偿转让土地使用权及地上建筑物和其附着物产权的单位和个人，就其转让房地产所取得的增值额按规定的税率计算征收的一种税
  - 征税范围
    - 土地增值税只对“转让”国有土地使用权的行为征税，对“出让”国有土地使用权的行为不征税
    - 土地增值税既对转让国有土地使用权的行为征税，也对转让地上建筑物及其他附着物产权的行为征税
    - 土地增值税只对“有偿转让”的房地产征税，对以继承、赠与等方式无偿转让的房地产，不予征税
    - 以房地产进行投资联营一方以土地作价入股进行投资或者作为联营条件的，免征土地增值税
    - 房地产开发企业将开发的房产转为自用或者用于出租等商业用途，如果产权没有发生转移，不征收土地增值税
    - 房地产的互换，由于发生了房产转移，因此属于土地增值税的征税范围。但是对于个人之间互换自有居住用房的行为，经过当地税务机关审核，可以免征土地增值税

图 4－18　土地增值税的定义及征税范围

- 土地增值税的超率累进税率
  - 增值额未超过扣除项目金额 50% 部分，税率为 30%
  - 增值额超过扣除项目金额 50%，未超过扣除项目金额 100% 的部分，税率为 40%；速算扣除系数为 5%
  - 增值额超过扣除项目金额100%，未超过扣除项目金额200% 的部分，税率为 50%；速算扣除系数为 15%
  - 增值额超过扣除项目金额 200% 的部分，税率为 60%；速算扣除系数为 35%

图 4－19　土地增值税的超率累进税率

表 4－18　土地增值税的会计处理

情形	会计分录
转让原已纳入“无形资产”账户核算的国有土地使用权	借：其他业务支出 　贷：应交税费——应交土地增值税
转让原已纳入“固定资产”账户核算的国有土地使用权连同地上建筑物及其附着物	借：固定资产清理 　贷：应交税费——应交土地增值税
实际缴纳土地增值税	借：应交税费——应交土地增值税 　贷：银行存款

六、城建税和教育费附加

1. 城建税和教育费附加的定义及计税依据

城建税和教育费附加的定义及计税依据如表 4－19 所示。

表 4－19　城建税和教育费附加的定义及计税依据

税种	定义	计税依据
城市维护建设税	是国家为了加强城市的维护建设，扩大和稳定城市维护建设资金的来源，而征收的一种附加税	纳税人实际缴纳的增值税、消费税、营业税的税额
教育费附加	对缴纳增值税、消费税、营业税的单位和个人征收的一种附加费	纳税人实际缴纳的增值税、消费税、营业税的税额

2. 城建税、教育费附加的税率及计算公式

城市维护建设税、教育费附加的税率及计算公式如表 4－20 所示。

表 4－20　城市维护建设税、教育费附加的税率及计算公式

税种	税率	计算公式
城市维护建设税	纳税人所在地在市区的，税率为 7%；纳税人所在地在县城、镇的，税率为 5%；纳税人所在地不在市区、县城或镇的，税率为 1%	应纳城建税＝实际缴纳的增值税、消费税、营业税之和×适用税率
教育费附加	教育费附加的比率为 3%	应纳教育费附加＝实际缴纳的增值税、消费税、营业税之和×征收比率

3. 城建税、教育费附加的会计处理

城建税、教育费附加的会计处理如表4－21所示。

表4－21 城建税、教育费附加的会计处理

情形	会计分录
企业计算应交的城市维护建设税	借：营业税金及附加 　　贷：应交税费——应交城市维护建设税
交纳城市维护建设税时	借：应交税费——应交城市维护建设税 　　贷：银行存款
企业计算应交的教育费附加	借：营业税金及附加 　　贷：应交税费——应交教育费附加
交纳教育费附加时	借：应交税费——应交教育费附加 　　贷：银行存款

4. 城建税、教育费附加业务案例

【例40】2013年12月20日，亨利公司缴纳上月计提的城建税700元，教育费附加300元。有关的会计处理如下：

借：应交税费——应交城市维护建设税　　700
　　　　　　——应交教育费附加　　300
　贷：银行存款　　1 000

七、房产税、土地使用税、车船税

1. 房产税、土地使用税、车船税的定义

房产税、土地使用税、车船税的定义如表4－22所示。

表4－22 应交房产税、土地使用税、车船税的定义

税种	定义
房产税	是国家对城市、县城、建制镇和工矿区征收的由产权所有人缴纳的一种税，它以房产为征税对象，依据房产价格或房产租金收入向房主所有人或经营人征收
土地使用税	是国家为了合理利用城镇土地，调节土地级差收入，提高土地使用效益，加强土地管理而开征的一种税，以纳税人实际占用的土地面积为计税依据，依照规定税额计算征收
车船税	是指国家对于行驶于境内公共道路的车辆和航行于境内河流、湖泊或领海的船舶，依法征收的一种税

2. 房产税、土地使用税、车船税的计税依据

房产税、土地使用税、车船税的计税依据如表 4-23 所示。

表 4-23 房产税、土地使用税、车船税的计税依据

税种	计税依据
房产税	房产税的计税依据是房产的计税价值或房产的租金收入
土地使用税	土地使用税以纳税人实际占用的土地面积(平方米)为计税依据
车船税	乘人汽车、电车、摩托车、自行车、人力车和畜力车，以“辆”为计税依据；载货汽车、机动船，以“净吨位”为计税依据；非机动船，以“载重吨位”为计税依据

3. 房产税、土地使用税、车船税的税率及计算公式

房产税、土地使用税、车船税的税率及计算公式如表 4-24 所示。

表 4-24 房产税、土地使用税、车船税的税率及计算公式

税种	税率	计算公式
房产税	依照房产余值计算缴纳的，年税率为 1.2%；依照房产租金收入计算缴纳的，年税率为 12%	从价计征： 年应纳税额 = 应税房产原值 ×（1 - 扣除比例）× 1.2% 从租计征： 应纳税额 = 租金收入 × 12%（个人出租住房为 4%）
土地使用税	城镇土地使用税采用定额税率，实行分级幅度税额	应纳税额 = 计税土地面积(平方米) × 适用税额
车船税		应纳税额 = 年应纳税额 ÷ 12 × 应纳税月份数

4. 房产税、土地使用税、车船税的会计处理

房产税、土地使用税、车船税的会计处理如表 4-25 所示。

表 4-25 房产税、土地使用税、车船税的会计处理

情形	会计分录
按规定计算应交纳的房产税	借：管理费用 贷：应交税费——应交房产税
交纳房产税	借：应交税费——应交房产税 贷：银行存款
按规定计算应交纳的土地使用税	借：管理费用 贷：应交税费——应交土地使用税

（续表）

情形	会计分录
交纳土地使用税	借：应交税费——应交土地使用税 贷：银行存款
按规定计算应交纳的车船税	借：管理费用 贷：应交税费——应交车船税
交纳车船税	借：应交税费——应交车船税 贷：银行存款

5. 房产税、土地使用税、车船税业务案例

【例41】 12月20日，亨利公司当期按规定税率计算，应缴纳房产税3 000元，土地使用税2 500元，车船税5 000元。应作如下会计处理：

借：管理费用　　10 500

贷：应交税费——应交房产税　　3 000

——应交土地使用税　　2 500

——应交车船税　　5 000

八、个人所得税

1. 工资、薪金所得的定义

工资、薪金所得是指个人因任职或受雇而取得的工资、薪金、年终加薪、劳动分红、津贴、补贴以及与任职或者受雇有关的其他所得。

2. 个人所得税税率

个人所得税税率如表4－26所示。

表4－26 个人所得税税率

级数	全月含税应纳税所得额	全月不含税应纳税所得额	税率(%)	速算扣除数
1	不超过1 500元的	不超过1 455元的	3	0
2	超过1 500～4 500元的部分	超过1 455～4 155元的部分	10	105
3	超过4 500～9 000元的部分	超过4 155～7 755元的部分	20	555
4	超过9 000～35 000元的部分	超过7 755～27 255元的部分	25	1 005
5	超过35 000～55 000元的部分	超过27 255～41 255元的部分	30	2 755
6	超过55 000～80 000元的部分	超过41 255～57 505元的部分	35	5 505
7	超过80 000元的部分	超过57 505元的部分	45	13 505

3. 工资、薪金所得应纳税额计算公式

应纳税额 = 应纳税所得额 × 适用税率 − 速算扣除数

= (每月收入额 − 3 500 元) × 适用税率 − 速算扣除数

4. 个人所得税的会计处理

个人所得税的会计处理如表 4 − 27 所示。

表 4 − 27　个人所得税的会计处理

业务内容	会计分录
按规定计算代扣代交个人所得税	借：应付职工薪酬 　　贷：应交税费——应交个人所得税
交纳个人所得税	借：应交税费——应交个人所得税 　　贷：银行存款

5. 个人所得税业务案例

企业职工按规定应交纳的个人所得税通常由单位代扣代交。为了核算应代扣代交的职工个人所得税的扣交及实交情况，企业应设置“应交税费——应交个人所得税”账户。

【例 42】2013 年 12 月 20 日，亨利公司 11 月份职工的应付工资 50 000 元，代扣代交个人所得税 800 元。应作如下会计处理：

(1) 发放工资并计算代扣代交的个人所得税时：

借：应付职工薪酬——工资　50 000

　　贷：银行存款　49 200

　　　　应交税费——应交个人所得税　800

(2) 用银行存款实际上交代扣代交的个人所得税时：

借：应交税费——应交个人所得税　800

　　贷：银行存款　800

第五章

生产业务的核算

第一节　生产成本

一、生产成本的定义及构成

生产成本的定义及构成如图 5－1 所示。

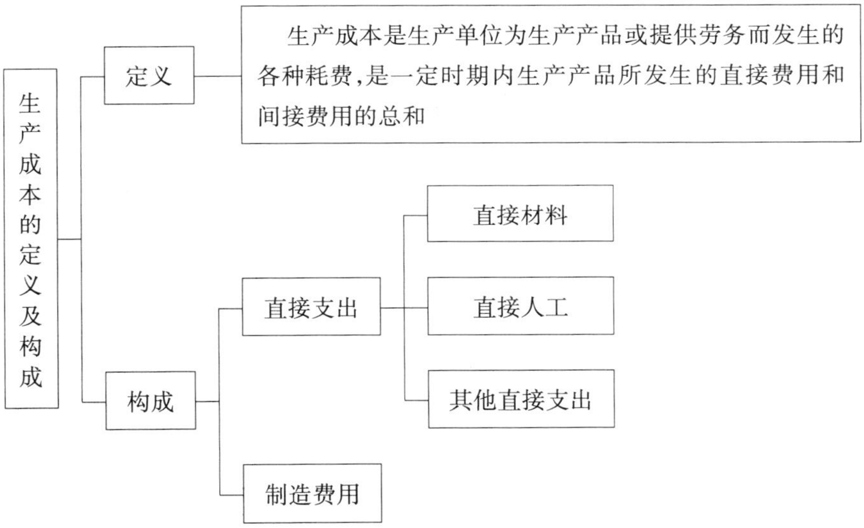

图 5－1　生产成本的定义及构成

二、生产成本的分配

1. 材料费用的分配

企业在生产过程中直接用于产品生产的材料费用，属于产品的直接费用，应直接计入“生产成本——基本生产成本”账户，几种产品共同耗用的材料属于产品的间接耗费，需要采用适当的标准在各种产品之间进行分配。材料费用的分配如表 5－1 所示。

2. 外购动力费用的分配

外购动力费用的定义及计算公式如图 5－2 所示。

表 5－1 材料费用的分配

分配方法		计算公式
定额消耗量比例分配法	投入定额消耗量比例分配法	某种产品原材料定额消耗量＝该产品的投产数量×原材料单位消耗定额 材料消耗量定额分配率＝原材料实际耗用量×材料计划成本×(1±材料成本差异率)/各种产品原材料定额耗用量之和 某种产品应分配的材料费用＝该种产品原材料定额消耗量×材料消耗量定额分配率
	产出定额消耗量比例分配法	某种产品原材料定额消耗量＝该产品的实际产量×原材料单位消耗定额 材料消耗量定额分配率＝原材料实际耗用量×材料计划成本×(1±材料成本差异率)/各种产品原材料定额消耗量之和 某种产品应分配的原材料费用＝该产品原材料定额消耗量×材料消耗量定额分配率
产品重量比例分配法		材料费用分配率＝本月应分配的材料消耗费/本月生产的各种产品重量之和 各种产品应分配的材料费用＝产品的重量×材料费用分配率
按定额成本比例分配		材料成本定额分配率＝本月应分配的材料总耗费/本月产品材料定额成本之和 各种产品应分配的材料费用＝各产品材料定额成本之和×材料成本定额分配率

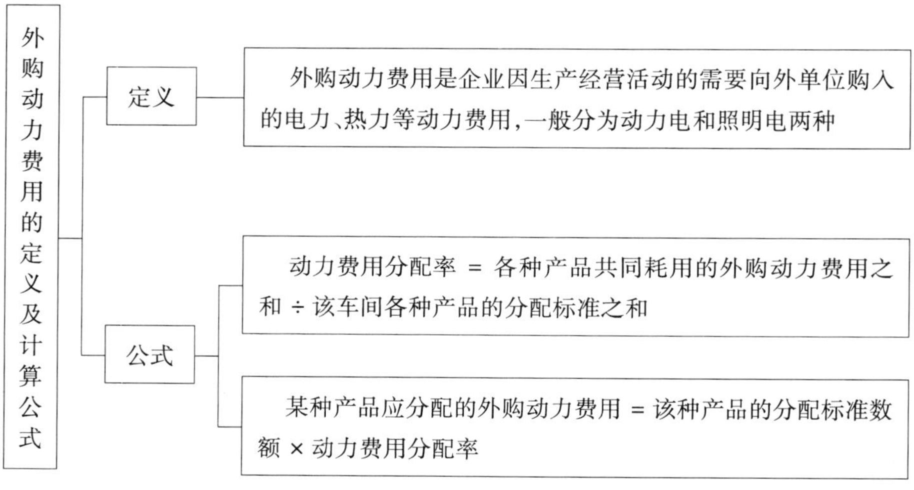

图 5－2 外购动力费用的定义及计算公式

3. 职工薪酬的分配

职工薪酬分配的计算公式如图 5－3 所示。

职工薪酬分配的计算公式

- 工资或附加工资分配率 = 工资额或附加工资 ÷ 各种产品实耗工时之和
- 某产品应负担的工资费用（或附加工资） = 该产品实耗工时 × 工资（附加工资）分配率

图 5－3　职工薪酬分配的计算公式

三、生产成本的会计处理

生产成本的会计处理如表 5－2 所示。

表 5－2　生产成本的会计处理

情形	会计分录
企业发生的各项直接生产成本	借：生产成本——基本生产成本 ——辅助生产成本 贷：原材料 库存现金 银行存款 应付职工薪酬
各生产车间应负担的制造费用	借：生产成本——基本生产成本 ——辅助生产成本 贷：制造费用
辅助生产车间为基本生产车间、管理部门等提供的劳务和产品	借：生产成本——基本生产成本 管理费用 销售费用 其他业务成本 在建工程 贷：生产成本——辅助生产成本
企业已经生产完成并已验收入库的产成品及入库的半成品	借：库存商品 贷：生产成本——基本生产成本

四、生产成本业务案例

【例 43】2013 年 12 月 21 日，亨利公司生产完成 A、B 两种产品，共耗用甲材料 480 000 元。A 产品的实际产量为 1 200 件，单位消耗材料定额为 50 千克；B 产品的实际产量为 1 500 件，单位消耗材料定额为 40 千克，应作如下会计处理：

A 产品原材料耗用量 = 1 200 × 50 = 60 000（千克）；

B 产品原材料耗用量 = 1 500 × 40 = 60 000（千克）；

材料费用分配率 = 480 000 ÷（60 000 + 60 000）= 4（元/千克）；

A 产品应分配的材料费用 = 4 × 60 000 = 240 000（元）；

B 产品应分配的材料费用 = 4 × 60 000 = 240 000（元）。

借：生产成本——基本生产成本——A 产品　　240 000

　　　　　　　　　　　　　　——B 产品　　240 000

　　贷：原材料——甲材料　　480 000

第二节　制造费用

一、制造费用的概念

制造费用是企业为生产产品和提供劳务而发生的各项间接成本。制造费用包括产品生产成本中除直接材料和直接人工以外的其余一切生产成本。

二、制造费用的内容

制造费用的内容如表5－3所示。

表5－3　制造费用的内容

项目	内容
车间管理人员工资	指生产车间管理人员、辅助后勤人员等非一线直接从事生产的人员工资；一线直接生产人员非生产期间的工资也计入本项目，非一线生产员工提供直接生产时，其相应的工资应从本项目转入生产成本中的直接人工项目
职工福利费	按第一项所定义的生产管理人员工资的14%提取
交通费	指企业为车间职工上下班而发生的交通车辆费用，主要指汽油费、养路费等
劳动保护费	指按规定标准和范围支付给车间职工的劳动保护用品，防暑降温、保健饮食品（含外购矿泉水）的费用和劳动保护宣传费用
折旧费	指车间所使用固定资产按规定计提的折旧费
修理费	指生产车间所用固定资产的修理费用，包括大修理费用支出
租赁费	指车间使用的从外部租入的各种固定资产和用具等按照规定列支的租金
物料消耗	指车间管理部门耗用的一般消耗材料，不包括固定资产修理和劳动保护用材料
低值易耗品摊销	指车间所使用的低值易耗品的摊销
生产用工具	指车间生产耗用的生产用具费用
试验检验费	指车间发生的对材料、半成品、成品、仪器、仪表等试验、检验费
季节性修理期间的停工损失	指因生产的季节性需要而必须停工，生产车间停工期间所发生的各项费用
取暖费	指车间管理部门所支付的取暖费，包括取暖费用燃料、蒸汽、热水、炉具等支出

（续表）

项目	内容
水电费	指车间管理部门由于消耗水、电和照明用材料等而支付的非直接生产费用
办公费	指车间生产管理部门的通讯费用以及文具、印刷、办公用品等办公费用；政府部门的宣传经费，包括学习资料、照相洗印费以及按规定开支的报刊订阅费等
差旅费	指按照规定报销生产车间职工因公外出的各项差旅费、住宿费、住勤费；市内交通费和误餐补贴；按规定支付职工及其家属的调转、搬家费；按规定支付患职业病的职工去外地就医的交通费、住宿费、伙食补贴等
运输费	指生产应负担的厂内运输部门和厂外运输机构所提供的运输费用，包括其办公用车辆的养路费、管理费、耗用燃料及其他材料等费用
保险费	指应由车间负担的财产保险费用
技术组织措施费	指生产工艺布局调整等原因发生的费用
其他制造费用	除前面列述外，零星发生的其他应由车间负担的费用

三、制造费用的分配方法

1. 实际分配率法

实际分配率法的定义及计算公式如图 5 –4 所示。

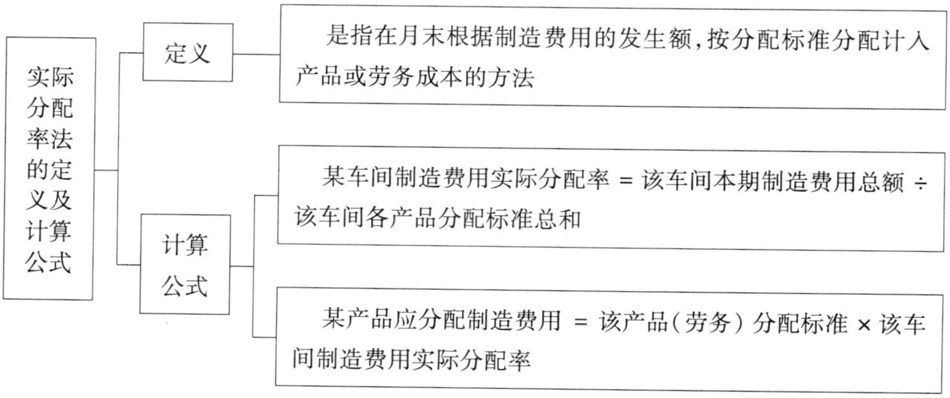

图 5 –4　实际分配率法的定义及计算公式

2. 计划分配率法

计划分配率法的定义及计算公式如图 5 –5 所示。

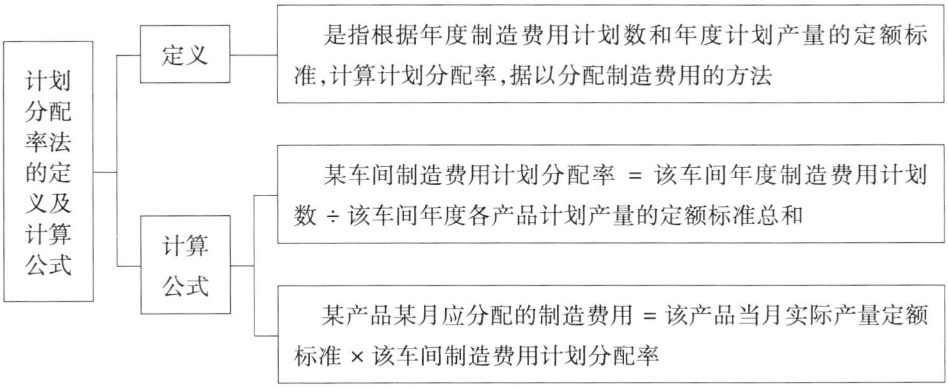

图 5 –5　计划分配率法的定义及计算公式

3. 累计分配率法

累计分配率法的定义及计算公式如图 5 –6 所示。

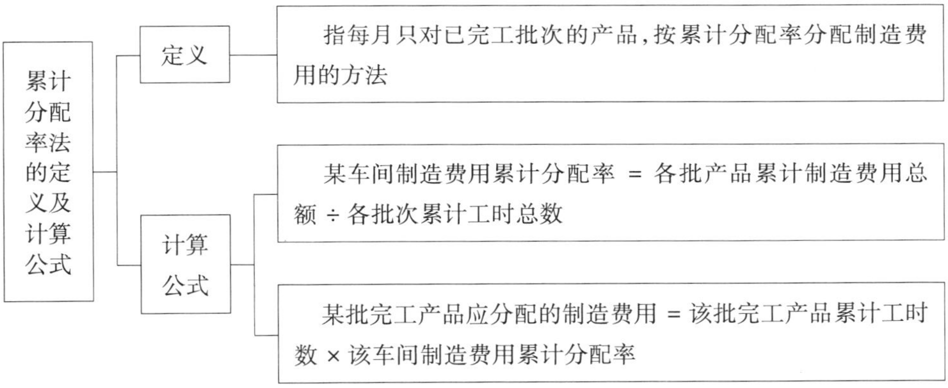

图 5 –6　累计分配率法的定义及计算公式

四、制造费用的会计处理

制造费用的会计处理如表 5 –4 所示。

表 5 –4　制造费用的会计处理

情形	会计分录
生产车间发生的物料消耗	借：制造费用 　　贷：原材料
生产车间管理人员工资	借：制造费用 　　贷：应付职工薪酬

（续表）

情形	会计分录
生产车间计提的固定资产折旧	借：制造费用 　　贷：累计折旧
生产车间支付的办公费、水电费	借：制造费用 　　贷：库存现金 　　　　银行存款
发生季节性停工损失	借：制造费用 　　贷：原材料 　　　　应付职工薪酬 　　　　银行存款
将制造费用分配计入有关的成本核算对象	借：生产成本——基本生产成本 　　　　　　——辅助生产成本 　　劳务成本 　　贷：制造费用

五、制造费用业务案例

【例44】2013年12月21日，亨利公司某车间生产完工A、B两种产品，制造费用总额为66 000元，A产品实际耗用工时2 500小时，B产品实际耗用工时1 500小时。要求在A、B产品之间分配制造费用，应作如下会计处理：

制造费用分配率=66 000÷(2 500+1 500)=16.5(元/小时)；

A产品制造费用=2 500×16.5=41 250(元)；

B产品制造费用=1 500×16.5=24 750(元)。

会计分录如下：

借：生产成本——A产品　　41 250

　　　　　　——B产品　　24 750

　　贷：制造费用　　66 000

第三节　库存商品

一、库存商品的内容

企业库存商品是指企业已经完成全部生产过程并已验收入库，符合标准规格和技术条件，可以按照合同规定的条件送交订货单位，或者可以作为商品对外销售的产成品。可以降价出售的不合格品，也属于库存商品，但应当与合格商品分开记账。

二、库存商品的会计处理

库存商品的会计处理如表5－5所示。

表5－5　库存商品的会计处理

业务内容	会计分录
生产完成验收入库的产成品	借：库存商品 　　贷：生产成本
对外销售，结转销售成本时	借：主营业务成本 　　贷：库存商品
购入商品，在商品到达验收入库后	借：库存商品（按商品进价） 　　应交税费——应交增值税（进项税额） 　　贷：银行存款
对外销售，结转销售成本时	借：主营业务成本 　　贷：库存商品

三、库存商品业务案例

【**例45**】2013年12月21日，亨利公司已验收入库A产品1 000件，实际单位成本200元，共计200 000；B产品800件，实际单位成本180元，共计144 000元。应作如下会计处理：

借：库存商品——A产品　　200 000
　　　　　　——B产品　　144 000
　　贷：生产成本——A产品　　200 000
　　　　　　　　——B产品　　144 000

【例46】2013年12月21日，亨利公司销售A产品有100件，B产品90件。A产品的实际单位成本200元，B产品实际单位成本180元。结转其销售成本时，应作如下会计处理：

借：主营业务成本　　36 200

　　贷：库存商品——A产品　　20 000

　　　　　　　　——B产品　　16 200

第四节　应付职工薪酬

一、应付职工薪酬的含义

应付职工薪酬是指企业为获得职工提供的服务而给予的各种形式的报酬以及其他相关的支出。

二、应付职工薪酬的组成

应付职工薪酬的组成如表 5－6 所示。

表 5－6　应付职工薪酬的组成

组成		具体内容
工资	计时工资	指按计时工资标准和工作时间支付给职工个人的劳动报酬
	计件工资	指按规定的计价单位和职工完成合格品数量计算并支付的工资
	奖金	指支付给职工的超额劳动报酬和增收节支的劳动报酬。包括生产奖、节约奖、劳动竞赛奖以及其他奖金
	津贴和补贴	指为了补偿职工特殊或额外劳动消耗和由于其他特殊原因支付给职工的津贴以及为了保证职工生活水平不受物价变动的影响而支付给职工的物价补贴
	加班加点工资	指按规定对职工在法定工作时间以外从事劳动所支付给职工的加班工资和加点工资
	政策性假期工资	指根据国家法律、法规和政策规定享受假期时，按原工资标准或工资标准的一定比例支付的工资，如病假、工伤、产假、计划生育假、婚丧假、事假、探亲假、定期休假、停工学习等
职工福利		指企业用于改善生活条件和医疗方面的支出和费用。包括职工医疗费；职工因公负伤外地就医路费；医务经费；医疗机构及职工浴室、理发室、幼儿园、托儿所、食堂等生活福利部门的人员工资及维持费用；职工生活困难补助；其他职工福利支出

（续表）

组成		具体内容
社会保险	医疗保险	由职工、单位和国家按一定的缴费比例，三方共同出资而形成的只能用于医疗补偿的保险费
	养老保险	由职工所在企业以及职工在职时按一定比例共同缴纳的，是对职工因年老体衰，工残事故导致永久丧失劳动能力，或因在一个企业工作到一定年限、不愿意继续任职时，给予的一种年金或一次付清所得，目的是保证其老有所养
	失业保险	指参加失业保险的用人单位和职工个人按时依照失业保险比例缴纳的费用
	工伤保险	由用人单位向社会保险经办机构按时交纳的用于在劳动者从事生产劳动或与之相关的工作时发生意外伤害后，向劳动者本人或为其供养的直系亲属提供物质帮助的一种费用
	生育保险	由用人单位向社会保险经办机构缴纳的，用于妇女劳动者因生育子女而暂时丧失劳动能力、失去正常工资收入来源时，为其提供物质帮助的一项费用
住房公积金		指由国家机关、国有企业、城镇集体企业、外商投资企业、城镇私营企业及其他城镇企业、事业单位及其在职职工缴存的长期储金。包括职工个人缴存和职工所在单位为职工缴存两部分，全部属于职工个人所有
工会经费		指职工依法取得用于开展正常活动所需的费用，是企业根据国家有关规定，按职工工资总额的一定比例（2%）提取并拨交工会使用的一项专门经费
职工教育经费		企业按工资总额的一定比例（1.5%）提取专项用于职工文化教育、专业技术培训学习方面的一项专门经费
非货币性福利		指企业将自己的产品或外购商品发放给职工作为福利，或将自己拥有的资产或租赁资产供职工无偿使用
因解除与职工的劳动关系给予的补偿		简称“辞退福利”，包括两方面的内容：一是在职工劳动合同尚未到期前，不论职工本人是否愿意，企业决定解除与职工的劳动关系而给予的补偿；二是在职工劳动合同尚未到期前，为鼓励职工自愿接受裁减而给予的补偿
其他职工薪酬		指其他与获得职工提供服务相关的支出

三、工资的计算方法

1. 计时工资的计算

职工的计时工资是根据考勤记录登记的每一职工出勤或缺勤天数，按照规定的工资标准计算的。工资标准按其计算时间的不同，有按月计算的月薪、按日计算的日薪或按小时计算的小时工资。

计时工资的计算如表5－7所示。

表5－7　计时工资的计算

方法	具体内容
日工资率	日工资率即每日平均工资，等于月标准工资除以当月天数
	按月平均日历天数算 日工资率＝月基本工资(元)/30(天)
	按月平均实际工作日算 日工资率＝月基本工资(元)/20.92(天)
月薪制	指按职工固定的月标准工资扣除缺勤工资计算其工资的一种方法。采用月薪制，不论各月日历天数多少，每月的工资标准相同
	应付职工月计时工资＝职工月标准工资－缺勤应扣工资
	缺勤应扣工资＝缺勤天数×日工资率×应扣比例
日薪制	指根据职工实际出勤天数和日职工薪酬率计算其职工薪酬的一种方法
	应付职工计时工资＝出勤天数×日工资率＋应付病假工资
	应付病假工资＝病假天数×日工资率×病假工资的发放比例

2. 计件工资的计算

职工的计件工资应根据产量记录中登记的每一工人的产品产量乘以规定的计件单价计算。这里的产量包括合格产品和不是由于工人本人过失造成的不合格品产量。计件工资的计算公式如下：

$$\text{计件工资} = \sum(\text{月内每种产品的产量} \times \text{该种产品的计价单价})$$

3. 加班加点工资的计算

加班加点工资的计算公式：

$$\begin{aligned}\text{某职工当月的加班工资} &= \text{该职工当月的日工资} \times \text{该职工当月加班天数} \times \text{加班工资系数} \\ &= \text{该职工当月的日工资} \div 8 \times \text{该职工当月加班小时数} \times \text{加班工资系数}\end{aligned}$$

4. 工资实发金额的计算

工资实发金额的计算公式如图 5 –7 所示。

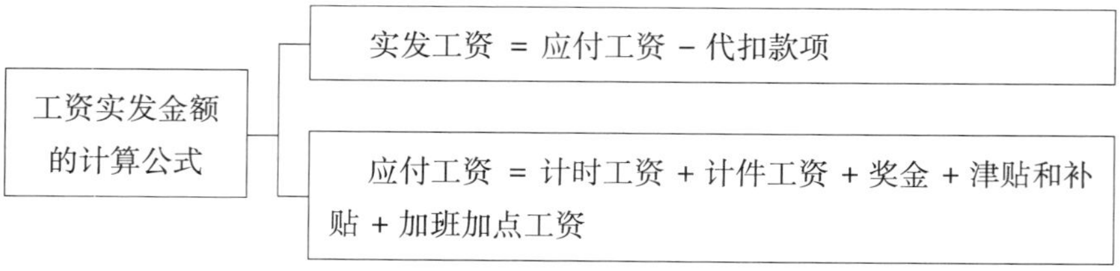

图 5 –7　工资实发金额的计算公式

四、应付职工薪酬的会计处理

企业为了核算应付职工薪酬的提取、结算、使用等情况，应设立“应付职工薪酬”科目。该科目的贷方登记已分配计入有关成本费用项目的职工薪酬的数额，借方登记实际发放职工薪酬的数额，包括扣还的款项等。该科目期末贷方余额，反映企业应付未付的职工薪酬。“应付职工薪酬”科目应当按照职工薪酬项目设置明细科目，进行明细核算。应付职工薪酬的会计处理如表 5 –8 所示。

表 5 –8　应付职工薪酬的会计处理

业务内容	会计分录
生产部门人员的职工薪酬，根据职工提供服务的受益对象	借：生产成本 制造费用 劳务成本 贷：应付职工薪酬——工资 ——社会保险 ——住房公积金
在建工程、研发支出负担的职工薪酬	借：在建工程 研发支出 贷：应付职工薪酬——工资 ——社会保险 ——住房公积金
管理部门人员、销售人员的职工薪酬	借：管理费用 销售费用 贷：应付职工薪酬——工资 ——社会保险 ——住房公积金

（续表）

业务内容	会计分录
企业以其自产产品发放给职工作为职工薪酬的	借：管理费用 　　生产成本 　　制造费用 　　贷：应付职工薪酬——非货币性福利
无偿向职工提供住房等固定资产使用的，按应计提的折旧额	借：管理费用 　　生产成本 　　制造费用 　　贷：应付职工薪酬——职工福利 借：应付职工薪酬——职工福利 　　贷：累计折旧
因解除与职工的劳动关系给予的补偿	借：管理费用 　　贷：应付职工薪酬——辞退福利
支付职工薪酬、缴纳社会保险费和住房公积金	借：应付职工薪酬——工资 　　　　　　　　——社会保险 　　　　　　　　——住房公积金 　　贷：库存现金 　　　　银行存款

五、应付职工薪酬业务案例

【例47】2013年12月21日，亨利公司本月应付职工薪酬总额为133 000元，其中：车间生产工人工资80 000元，车间管理人员工资23 000元，厂部行政管理人员工资30 000元，应作如下会计处理：

借：生产成本　　80 000
　　制造费用　　23 000
　　管理费用　　30 000
　　贷：应付职工薪酬　　133 000

【例48】2013年12月22日，亨利公司结算本月应付职工工资总额133 000元，代扣个人所得税1 300元，通过银行存款支付。会计分录如下：

借：应付职工薪酬　　133 000
　　贷：银行存款　　131 700
　　　　应交税费——应交个人所得税　　1 300

第五节　管理费用

一、管理费用的定义

管理费用是指企业行政管理部门为组织和管理生产经营活动而发生的各种费用。

二、管理费用核算的内容

管理费用核算的内容如表 5－9 所示。

表 5－9　管理费用核算的内容

核算内容	具体项目	项目内容
企业行政管理部门的费用	公司经费	包括总部管理人员的工资、职工福利费、差旅费、办公费、董事会会费、折旧费、修理费、物料消耗、低值易耗品摊销及其他公司经费
	工会经费	按每月全部职工工资总额的 2% 向工会拨交的经费
	职工教育经费	按工资总额的一定比例提取用于职工教育事业的一项费用，如用于职工岗位培训、后续教育的费用
	社会保险费	包括基本养老保险费、基本医疗保险费、失业保险费、工伤保险费、生育保险费
用于企业直接管理之外的费用	董事会费	董事会及其成员为执行董事会的职能而开支的费用，包括董事会的日常开支和董事会会务费开支，如差旅费、会议费等
	咨询费	企业向有关咨询机构进行相关事务咨询的费用，如法律顾问费、技术顾问费等
	诉讼费	企业进行民事诉讼依法应当向人民法院交纳和支付的费用
	聘请中介机构费	企业聘请中介机构所支付的费用，如聘请会计师事务所进行验资、资产评估等支付的费用
	税费	企业按税法等相关规定应交纳的税金
企业取得生产技术条件的费用	研发费用	企业研究和开发新产品、新技术、新工艺等发生的费用
	排污费	企业根据环保部门的规定交纳的排污费用
	绿化费	企业绿化费用
	技术转让费	引进技术需要支付的一切费用
	无形资产摊销	企业将无形资产在使用期限内进行分摊的费用，包括专利权、商标权、著作权、土地使用权、非专利技术等无形资产的摊销

（续表）

核算内容	具体项目	项目内容
业务应酬费	业务招待费用	企业为生产、经营业务的合理需要而发生的费用，如餐费、住宿费等
其他相关费用	坏账准备	企业按应收款项的一定比例计提的坏账准备
	存货跌价准备	由于存货遭受毁损、全部或部分陈旧过时或销售价格低于成本等原因，使存货成本无法收回的部分，在期末时按其可变现净值低于其成本的差额计提的存货跌价准备
	存货盘亏	盘点时，存货盘盈或短缺的核算
	其他费用	无法列入以上项目的费用

三、管理费用的会计处理

为了核算管理费用，应设置“管理费用”账户，该账户借方登记发生的各项管理费用金额，贷方登记期末结转“本年利润”账户的管理费用金额，结转后该账户一般无余额。管理费用不计入产品的成本之中，而是作为期间费用直接计入当期的损益。会计人员应根据企业管理的要求，在该账户下设置明细账户进行明细核算。管理费用的会计处理如表 5－10 所示。

表 5－10　管理费用的会计处理

业务内容	会计分录
企业在筹建期间内发生的开办费，实际发生时	借：管理费用 　贷：银行存款
行政管理部门人员的职工薪酬，实际发生时	借：管理费用 　贷：应付职工薪酬
行政管理部门计提的固定资产折旧	借：管理费用 　贷：累计折旧
发生的办公费、水电费、业务招待费、研究费用等	借：管理费用 　贷：银行存款 　　研发支出
摊销长期待摊费用时	借：管理费用 　贷：长期待摊费用
按规定计算应交的房产税、车船税、城镇土地使用税	借：管理费用 　贷：应交税费
期末将“管理费用”科目余额转入“本年利润”	借：本年利润 　贷：管理费用

四、管理费用业务案例

【例 49】 2013 年 12 月 22 日，亨利公司用现金支付行政管理部门购买办公用品费 300 元。应作如下会计处理：

借：管理费用——办公费　　300

　　贷：库存现金　　300

【例 50】 2013 年 12 月 22 日，亨利公司用现金支付行政人员出差费 900 元。应作如下会计处理：

借：管理费用——差旅费　　900

　　贷：库存现金　　900

【例 51】 2013 年 12 月 22 日，亨利公司计提行政管理部门固定资产折旧 2 000 元。应作如下会计处理：

借：管理费用——折旧费　　2 000

　　贷：累计折旧　　2 000

第六章

销售业务的核算

第一节　主营业务收入

一、主营业务收入的定义及特点

主营业务收入的定义及特点如图 6－1 所示。

主营业务收入的定义及特点
- 定义：指企业通过主要经营活动所获取的收入，如产品销售收入、劳务收入等，这类收入往往是企业收入的主要组成部分
- 特点：主营业务收入是从企业的日常活动中产生的，而不是从偶然的交易或事项中产生

图 6－1　主营业务收入的定义及特点

二、主营业务收入的确认

企业销售收入的确定，应遵循权责发生制的原则，企业应当在发生商品、提供劳务，同时收讫价款或取得索取价款的凭据时，确认销售收入的实现。具体内容如表 6－1 所示。

表 6－1　收入的确认

销售方式	收入的确认
采取交款提货销售方式	无论产品（商品）是否发出，只要货款已经收到，发票账单和提货单已经交予购货方，即作为销售收入的实现
采取预收货款销售方式	收到购货单位的预付货款后在产品（商品）已经发出时，作为销售收入的实现
采取赊销和分期收款销售方式	以本期实际收到的价款或以合同约定的本期应收价款确认销售收入的实现
采取托收承付或委托银行收款销售方式	在发出产品（商品）并办妥托收手续时，确认销售收入的实现
采取委托代销方式	收到代销单位的代销清单时，确认销售收入的实现
采取商业汇票结算销售方式	以收到购货方开出并承兑的商业汇票时，确认销售收入的实现

（续表）

销售方式	收入的确认
采取自营出口销售方式	陆运以取得承运货物收据或铁路运单；海运以取得出口装船提单；空运以取得运单，并向银行办理出口账单后，确认销售收入的实现
采取委托外贸代理出口销售方式	以收到外贸企业代办的运单和银行账单凭证时，确认销售收入的实现
采取为其他单位加工、制造大型机器设备、船舶和提供劳务的销售方式	持续时间在1年以上的，按完工进度或实际完成工程量，确认销售收入的实现

三、主营业务收入的会计处理

主营业务收入的会计处理如表6－2所示。

表6－2　主营业务收入的会计处理

<table>
<tr><th colspan="2">业务内容</th><th>会计分录</th></tr>
<tr><td colspan="2">一般销售商品业务</td><td>借：银行存款
　　应收账款
　　应收票据
　　预收账款
　　贷：主营业务收入
　　　　应交税费——应交增值税（销项税额）</td></tr>
<tr><td colspan="2">已发出商品但不符合收入确认条件的</td><td>发出商品时：
借：发出商品
　　贷：库存商品
若纳税义务已经发生：
借：应收账款
　　贷：应交税费——应交增值税（销项税额）</td></tr>
<tr><td>商业折扣、现金折扣和销售折让的处理</td><td>现金折扣</td><td>借：应收账款
　　贷：主营业务收入
　　　　应交税费——应交增值税（销项税额）
借：银行存款
　　财务费用（按享受的现金折扣）
　　贷：应收账款</td></tr>
</table>

（续表）

<table>
<tr><th colspan="2">业务内容</th><th>会计分录</th></tr>
<tr><td rowspan="2">商业折扣、现金折扣和销售折让的处理</td><td>商业折扣</td><td>借：应收账款（按扣除商业折扣的金额）
　贷：主营业务收入
　　应交税费——应交增值税（销项税额）</td></tr>
<tr><td>销售折让</td><td>借：应收账款
　贷：主营业务收入
　　应交税费——应交增值税（销项税额）</td></tr>
<tr><td rowspan="2">销售退回的处理</td><td>已确认收入的商品退回</td><td>借：主营业务收入
　应交税费——应交增值税（销项税额）
　贷：银行存款
　　应收账款
　　财务费用（按享受的现金折扣）
借：库存商品
　贷：主营业务成本</td></tr>
<tr><td>未确认收入的商品退回</td><td>借：库存商品
　贷：发出商品</td></tr>
<tr><td colspan="2" rowspan="2">预收账款销售商品</td><td>收到部分货款时：
借：银行存款
　贷：预收账款</td></tr>
<tr><td>收到剩余货款及增值税额并确认收入时：
借：预收账款
　银行存款
　贷：主营业务收入
　　应交税费——应交增值税（销项税额）</td></tr>
</table>

四、主营业务收入业务案例

【例52】2013年12月23日，亨利公司销售A商品1 000件，单位售价350元，价款共计350 000元，增值税率为17%。亨利公司将收到的转账支票存入银行，应作如下会计处理：

借：银行存款	409 500	
贷：主营业务收入		350 000
应交税费——应交增值税（销项税额）		59 500

【例53】2013年12月23日，亨利公司销售B商品一批给A企业，增值税专用发票上注明售价300 000元，增值税额为51 000元，款项尚未收到。公司为了及早收回货款而在合同中规定的现金折扣条件为：2/10，1/20，n/30。假定计算现金折扣时不考虑增值税。应作如下会计处理：

借：应收账款——A企业　　351 000

　　贷：主营业务收入　　300 000

　　　　应交税费——应交增值税(销项税额)　　51 000

第二节　主营业务成本

一、主营业务成本的定义

主营业务成本是指公司生产和销售与主营业务有关的产品或服务所必须投入的直接成本。

二、主营业务成本的会计处理

主营业务成本的会计处理如表6－3所示。

表6－3　主营业务成本的会计处理

业务内容	会计分录
月度终了，根据销售商品、提供劳务的实际成本，计算应结转的主营业务成本	借：主营业务成本 　贷：库存商品 　　发出商品
发生销售退回，冲减退回当月的销售收入，同时冲减退回商品的销售成本	借：库存商品 　贷：主营业务成本
期末，将账户余额转入“本年利润”账户	借：本年利润 　贷：主营业务成本

三、主营业务成本业务案例

【例54】承**【例52】**，亨利公司销售A商品的成本为200 000元，结转成本时应作如下会计处理：

借：主营业务成本　　200 000

　贷：库存商品——A商品　　200 000

【例55】承**【例53】**亨利公司销售B商品的成本为108 000元，结转成本时应作如下会计处理：

借：主营业务成本　　108 000

　贷：库存商品——B商品　　108 000

第三节　营业税金及附加

一、营业税金及附加的定义

营业税金及附加是企业开展经营活动，因取得营业收入而发生的营业税、消费税、城市维护建设税、资源税、土地增值税和教育费附加等相关税费。

二、营业税金及附加的会计处理

营业税金及附加的会计处理如表6－4所示。

表6－4　营业税金及附加的会计处理

业务内容	会计分录
企业按规定计算确定的与经营活动相关的税费	借：营业税金及附加 　贷：应交税费
企业收到的返还的消费税、营业税等原记入本科目的各种税金，应按实际收到的金额	借：银行存款 　贷：营业税金及附加
期末，应将本科目余额转入“本年利润”科目，结转后本科目应无余额	借：本年利润 　贷：营业税金及附加

三、营业税金及附加业务案例

【例56】2013年12月24日，亨利公司依据本月应交营业税32 500元，应交消费税3 000元，计提本月应交的城市维护建设税2 485元，城市维护建设税税率7%，应作如下会计处理：

借：营业税金及附加　　2 485

　贷：应交税费——应交城市维护建设税　　2 485

【例57】2013年12月24日，亨利公司依据本月应交营业税32 500元，应交消费税3 000元，计提本月应交的教育费附加1 065元，教育费附加比率为3%，应作如下会计处理：

借：营业税金及附加　　1 065

　贷：应交税费——应交教育费附加　　1 065

第四节　其他业务收入

一、其他业务收入的概述

其他业务收入的定义及内容如图 6－2 所示。

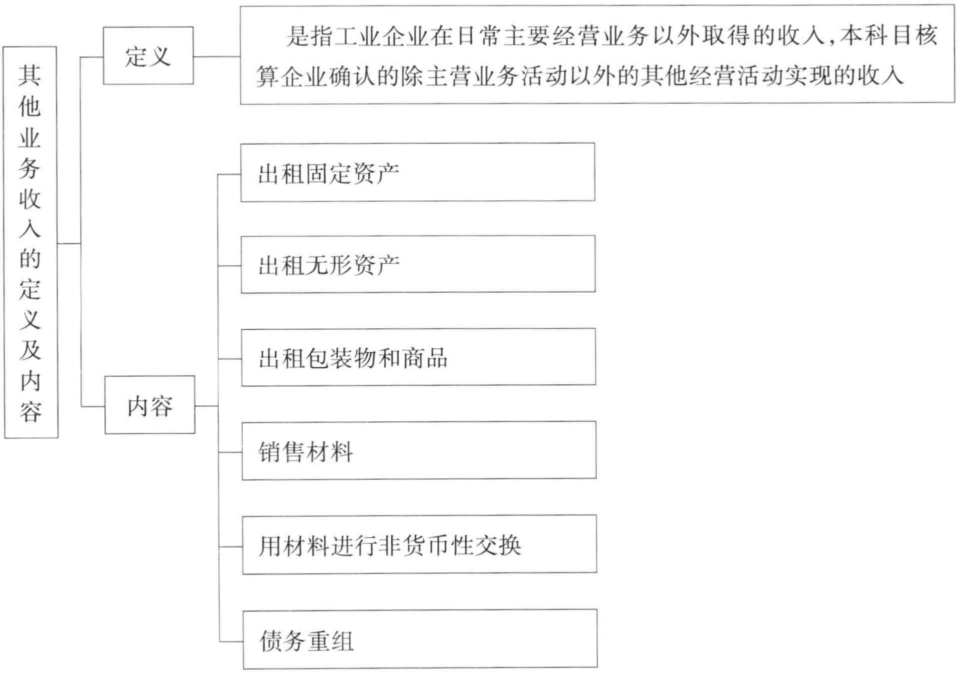

图 6－2　其他业务收入的定义及内容

二、其他业务收入的会计处理

其他业务收入的会计处理如表 6－5 所示。

表 6－5　其他业务收入的会计处理

业务内容	会计分录
企业确认的其他业务收入	借：银行存款 　　其他应收款 　　贷：其他业务收入

（续表）

业务内容	会计分录
月末结转	借：其他业务收入 　　贷：本年利润

三、其他业务收入业务案例

【例58】2013年12月24日，亨利公司销售一批原材料，开出的增值税专用发票上注明的售价为20 000元，增值税税额为3 400元，款项已由银行收妥。应作如下会计处理：

借：银行存款　　23 400

　　贷：其他业务收入　　20 000

　　　　应交税费——应交增值税（销项税额）　　3 400

第五节　其他业务成本

一、其他业务成本的定义及内容

其他业务成本的定义及内容如图6－3所示。

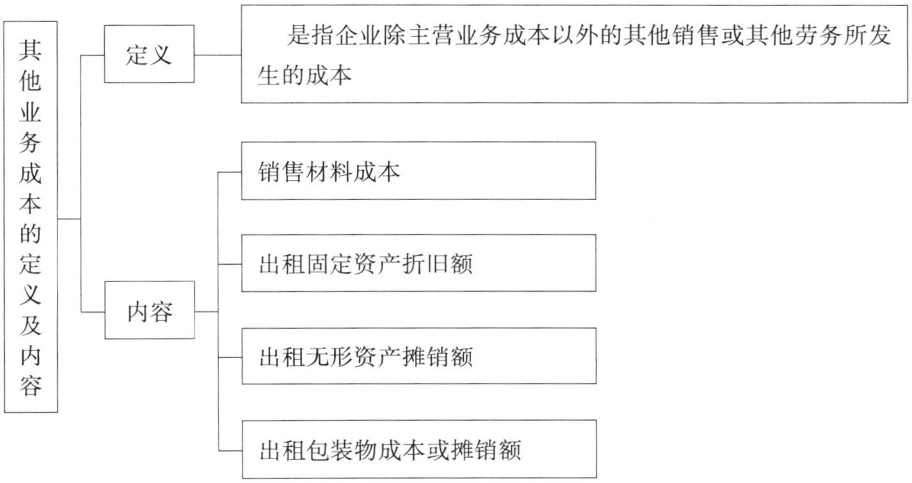

图6－3　其他业务成本的定义及内容

二、其他业务成本的会计处理

其他业务成本的会计处理如表6－6所示。

表6－6　其他业务成本的会计处理

业务内容	会计分录
结转已售材料成本	借：其他业务成本 　　贷：原材料
无形资产摊销	借：其他业务成本 　　贷：累计摊销
结转出售包装物成本	借：其他业务成本 　　贷：周转材料

（续表）

业务内容	会计分录
结转至本年利润	借：本年利润 　　贷：其他业务成本

三、其他业务成本业务案例

【**例59**】2013年12月24日，亨利公司结转销售原材料成本12 000元。应作如下会计处理：

借：其他业务成本　　12 000

　　贷：原材料　　12 000

第六节　销售费用

一、销售费用的定义及内容

销售费用的定义及内容如图 6－4 所示。

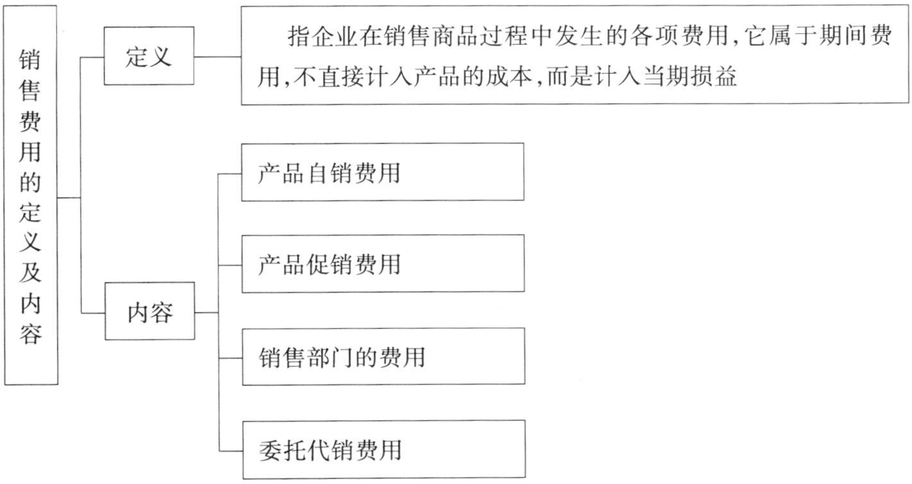

图 6－4　销售费用的定义及内容

二、销售费用的核算内容

销售费用的核算内容如表 6－7 所示。

表 6－7　销售费用的核算内容

明细科目设置	核算的内容
职工薪金	直接从事产品销售人员的工资、资金、津贴、补贴，以及按相关规定提取的职工福利费、教育经费、保险经费、工会经费等
差旅费	支付业务人员的出差住宿费、交通费、伙食补贴等费用
装卸费	销售产品时在车站、码头等地发生的支付给装卸单位的费用
包装费	企业包装产品有关的费用
运杂费	销售产品使用的各种运输工具所支付的运费及运输过程中支付的搬运费
广告费	企业向社会宣传产品而向报刊、电视、报纸等宣传媒体支付的费用

（续表）

明细科目设置	核算的内容
销售佣金	企业在销售产品时支付给中间人的报酬
展览费	企业为开展促销活动或宣传产品而举办的产品展览、展销费用
委托代销手续费	企业委托其他单位代销产品所支付的手续费用
租赁费	企业租赁仓库、商场等营业用场地及附属设备所支付的租金
保管费	产品在储存过程中所发生的保管费用，如倒库、照明、晾晒、保暖、委托保管费等开支
折旧费	为销售产品提供服务的商场、仓库、运输工具等固定资产计提的折旧费
检验费	产品销售前按规定支付给产品检验局检验产品时所发生的检验费、鉴定费、出口产品签证费等
修理费	为销售产品提供服务的固定资产、低值易耗品发生的修理费用
保险费	企业向保险公司投保产品、为销售产品提供服务的流动资产、固定资产所支付的各项保险费用
其他销售费用	企业销售部门、销售机构发生的不能列入上述费用或不常发生的其他各种销售费用

三、销售费用的会计处理

销售费用的会计处理如表 6－8 所示。

表 6－8　销售费用的会计处理

业务内容	会计分录
销售费用实际发生时	借：销售费用 　　贷：银行存款 　　　　库存现金
计提折旧时	借：销售费用 　　贷：累计折旧
计提工资时	借：销售费用 　　贷：应付职工薪酬
低值易耗品摊销时	借：销售费用 　　贷：周转材料——低值易耗品摊销
期末结转销售费用时	借：本年利润 　　贷：销售费用

四、销售费用业务案例

【例60】2013年12月25日，亨利公司专设销售机构发生下列业务：用现金支付办公用品开支600元，现金支付业务员出差费700元；计提本月工资9 200元；计提固定资产折旧2 000元。应作如下会计处理：

发生或计提相关费用时：

借：销售费用——办公费	600	
——差旅费	700	
——职工薪酬	9 200	
——折旧费	2 000	
贷：库存现金		1 300
应付职工薪酬		9 200
累计折旧		2 000

第七节　应收票据

一、应收票据的定义及分类

应收票据的定义及分类如表6－9所示。

表6－9　应收票据的定义及分类

项目	具体内容	
定义	应收票据是指企业因销售商品、提供劳务等而收到的商业汇票，也可以说是企业持有的、尚未到期兑现的商业票据	
分类	按承兑人不同	银行承兑汇票
		商业承兑汇票
	按是否带息	带息票据
		不带息票据
	是否带有追索权	带追索权票据
		不带追索权票据

二、应收票据的核算

应收票据的核算如表6－10所示。

表6－10　应收票据的核算

名称	具体内容
不带息应收票据	不带息应收票据的到期值等于应收票据的面值
	不带息应收票据的会计处理包括收到或开出承兑的商业汇票和商业汇票到期两个环节的处理
带息应收票据	票据期限按日表示时，应从出票日起按实际经历天数计算。采用签发日与到期日“算头不算尾”或“算尾不算头”的计算方法
	票据期限按月表示时，到期日为到期月份与出票日相同的那一天；如果出票日在月末，则不论月份大小，到期日均为到期月份的最后一天
	应收票据利息＝应收票据票面金额×票面利率×期限
	票据到期值＝票据面值＋应收票据利息

（续表）

名称	具体内容
应收票据贴现	贴现天数＝贴现日至票据到期日实际天数－1
	贴现利息＝票据到期值×贴现率×贴现天数
	贴现净额＝票据到期值－贴现利息

三、应收票据的会计处理

应收票据的会计处理如表6－11所示。

表6－11　应收票据的会计处理

业务内容	会计分录
企业销售商品、产品或提供劳务收到或开出承兑的商业汇票时	借：应收票据 　　贷：主营业务收入 　　　　应交税费——应交增值税（销项税额）
应收票据到期收回时	借：银行存款 　　贷：应收票据
以应收票据抵偿应收账款	借：应收票据 　　贷：应收账款
带息应收票据计提利息	借：应收票据 　　贷：财务费用
持未到期的应收票据到银行贴现	借：银行存款（扣除贴息后的净额） 　　财务费用（贴现息） 　　贷：应收票据（票面余额）
转让应收票据	借：原材料 　　应交税费——应交增值税（进项税额） 　　银行存款 　　贷：应收票据
因付款人无力支付票据，收到银行退回的商业承兑汇票	借：应收账款 　　贷：应收票据

四、应收票据业务案例

【例 61】2013 年 12 月 26 日，亨利公司销售 120 件 B 商品给红叶商贸，货已发，货款 30 000 元，增值税额为 5 100 元，B 商品成本为 10 800 元。按合同约定 3 个月后付款，红叶商贸交给亨利公司一张不带息的 3 个月到期的商业承兑汇票，面额 35 100 元。应作如下会计处理：

借：应收票据　35 100
　贷：主营业务收入　30 000
　　应交税费——应交增值税(销项税额)　5 100
借：主营业务成本　10 800
　贷：库存商品——B 商品　10 800

【例 62】2013 年 12 月 26 日，甲公司交来的一张期限为 5 个月、票面利率 6% 商业承兑汇票到期，亨利公司销售货物时增值税专用发票上注明货款价格 300 000 元，增值税额 51 000 元。现票据到期收回款项，应作如下会计处理：

应收票据利息 =351 000 ×6% ×5 ÷12 =8 775(元)。

借：银行存款　359 775
　贷：应收票据　351 000
　　财务费用　8 775

【例 63】2013 年 12 月 26 日，亨利公司向甲企业购买机床一台，增值税专用发票注明价款 30 000 元，增值税额 5 100 元。亨利公司将一张票面金额为 30 000 元的不带息应收票据背书转让，以偿付甲企业的货款，差额 5 100 元以银行存款支付。应作如下会计处理：

借：固定资产——机床　30 000
　应交税费——应交增值税(进项税额)　5 100
　贷：应收票据　30 000
　　银行存款　5 100

第八节　应收账款

一、应收账款的定义及计价

应收账款的定义及计价如表 6－12 所示。

表 6－12　应收账款的定义及计价

<table>
<tr><th>项目</th><th colspan="3">具体内容</th></tr>
<tr><td>定义</td><td colspan="3">应收账款是指企业因销售商品、材料、提供劳务等，应向购货单位收取的款项，以及代垫运杂费等款项</td></tr>
<tr><td rowspan="7">计价</td><td>原则</td><td colspan="2">通常情况下，按照历史成本计价的原则，应收账款应根据交易实际发生的金额记账，包括发票全额和带购货单位垫付的运杂费两部分</td></tr>
<tr><td rowspan="6">考虑因素</td><td rowspan="3">商业折扣</td><td>商业折扣是销货企业在商品交易时，根据市场供需情况或针对不同的顾客，在商品标价上给予的扣除</td></tr>
<tr><td>商业折扣是企业常用的一种促销手段，不需要在买卖双方的账上反映，对应收账款的入账价值没有什么实质性的影响</td></tr>
<tr><td>由于商业折扣在销售时已经发生，企业只需按扣除商业折扣后的净额确认应收账款</td></tr>
<tr><td rowspan="3">现金折扣</td><td>现金折扣是指销货方为鼓励购货方在规定的期限内尽快付款而许诺给予购货方的一种折扣，即从应支的货款总额中扣除一定比例的金额</td></tr>
<tr><td>现金折扣一般用符号“折扣率/付款期限”来表示。例如“2/10，1/20，n/30”分别表示：如果买方在 10 天内付款，销货企业可按价款给客户 2% 的折扣；如果买方在第 11 天至 20 天付款，企业可按价款给客户 1% 的折扣；如果客户在 21 天后付款，将不能享受到现金折扣，30 天为信用期限</td></tr>
<tr><td>现金折扣是债权人为了鼓励债务人在规定的期限内付款而向债务人提供的债务扣除，本质上是一种融资行为，因此是一种财务费用</td></tr>
</table>

二、应收账款的会计处理

应收账款的会计处理如表 6－13 所示。

表 6－13　应收账款的会计处理

业务内容	会计分录
发生应收账款时	借：应收账款 　　贷：主营业务收入 　　　　应交税费——应交增值税（销项税额）
收回应收账款时	借：银行存款 　　贷：应收账款
垫付的包装费、运杂费	借：应收账款 　　贷：银行存款
收回代垫费用	借：银行存款 　　贷：应收账款
将应收账款改为商业汇票结算，收到承兑商业汇票	借：应收票据 　　贷：应收账款

三、应收账款业务案例

【例 64】2013 年 12 月 27 日，亨利公司销售给太平洋公司 B 产品 120 件，增值税专用发票上注明货款 30 000 元，增值税 5 100 元，B 产品成本为 10 800 元，用银行存款代购货方垫付运杂费 900 元，全部款项暂未收到。应作如下会计处理：

借：应收账款——太平洋公司　　36 000
　　贷：主营业务收入　　30 000
　　　　应交税费——应交增值税（销项税额）　　5 100
　　　　银行存款　　900
借：主营业务成本　　10 800
　　贷：库存商品——B 商品　　10 800

【例 65】2013 年 12 月 27 日，亨利公司向甲公司销售 B 商品 120 件，售价金额为 30 000 元，由于是批量销售，亨利公司给予 10% 的商业折扣，折扣金额为 3 000 元，B 商品成本为 10 800 元，适用的增值税税率为 17%。应作如下会计处理：

借：应收账款——甲公司　　31 590
　　贷：主营业务收入　　27 000
　　　　应交税费——应交增值税（销项税额）　　4 590
借：主营业务成本　　10 800
　　贷：库存商品——B 商品　　10 800

【例66】2013年12月27日，亨利公司收到21日销售给A企业的货款，应作如下会计处理：

借：银行存款 345 000

　　财务费用 6 000

　　贷：应收账款 351 000

第九节 坏账准备

一、坏账的定义及确认

坏账的定义及确认如图 6－5 所示。

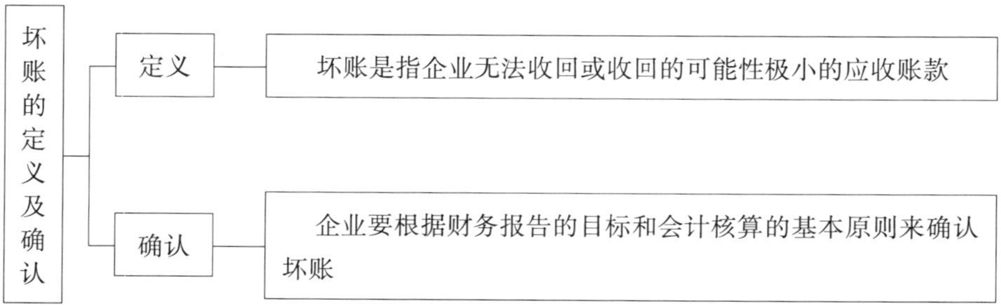

图 6－5 坏账的定义及确认

二、坏账的形成

坏账的形成如图 6－6 所示。

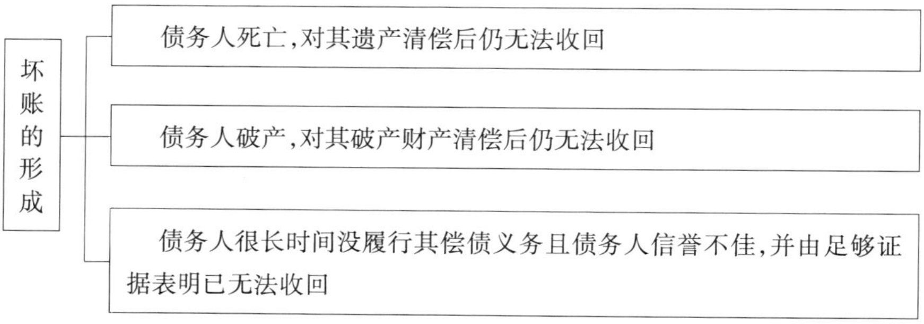

图 6－6 坏账的形成

三、坏账的提取

企业在确定坏账准备的提取比例时，应根据以往的经验和债务单位的实际经营情况、现金流量表等有关信息进行估计，具体问题具体对待。坏账的确认条件如图 6－7 所示。

坏账的确认条件

- 债务人依法宣告破产、撤销，其剩余财产确实不足清偿的应收款项
- 任务人死亡或依法宣告死亡、失踪，其财产或遗产确实不足清偿的应收款项
- 债务人遭受重大自然灾害或意外事故，损失巨大，以其财产（包括保险赔偿）确实无法清偿的应收款项
- 债务人逾期未履行偿债义务，经法院裁决确实无法清偿的应收款项
- 逾法定年限以上（一般为 3 年）仍未收回的应收款项
- 法定机构批准可核销的应收款项

图 6－7　坏账的确认条件

四、坏账准备的会计处理

实际工作中我们一般使用应收账款余额百分比法计提坏账准备，具体是根据会计期末应收账款的余额乘以估计坏账率即为当期应估计坏账损失，据此提取坏账准备。坏账准备会计处理如表6－14所示。

表 6－14　坏账准备的会计处理

业务内容	会计分录
提取坏账准备时	借：资产减值损失 　　贷：坏账准备
发生坏账准备	借：坏账准备 　　贷：应收账款
已确认的坏账又收回	借：应收账款 　　贷：坏账准备 同时： 借：银行存款 　　贷：应收账款

五、坏账准备业务案例

【例 67】 2013 年 12 月 28 日，亨利公司发生坏账损失 50 000 元，应作如下会计处理：

借：坏账准备　　50 000

　　贷：应收账款　　50 000

第十节 其他应收款

一、其他应收款的概述

其他应收款是指企业除应收票据、应收账款、预付账款、应收利息和应收股利以外的其他各种应收、暂付款项。其他应收款的内容如图 6－8 所示。

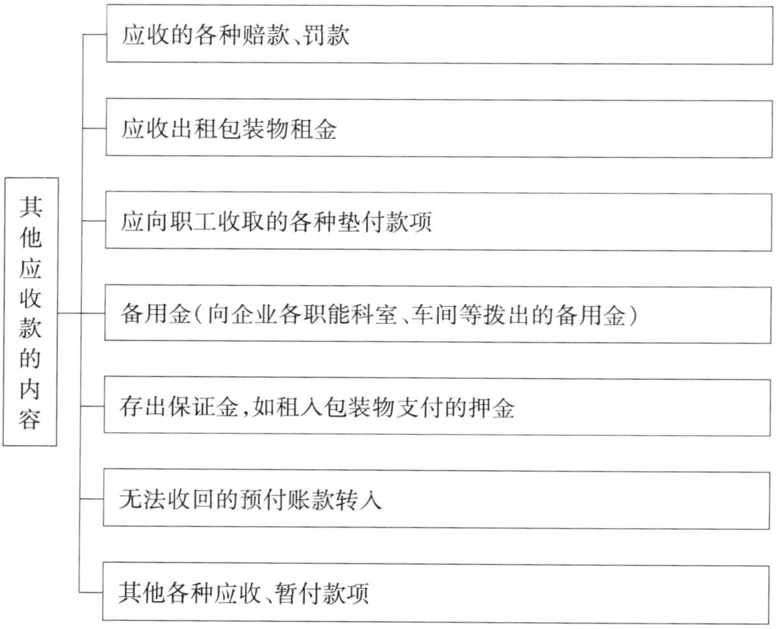

图 6－8 其他应收款的内容

二、其他应收款的会计处理

其他应收款的会计处理如表 6－15 所示。

表 6－15 其他应收款的会计处理

业务内容	会计分录
发生其他各种应收款项时	借：其他应收款 　贷：有关科目
收回各种其他应收款项时	借：有关科目 　贷：其他应收款

三、其他应收款业务案例

【例 68】 2013 年 12 月 28 日，亨利公司市场部张勇借差旅费 1 000 元，以现金支付。应作如下会计处理：

借：其他应收款——张勇　　1 000

　　贷：库存现金　　1 000

【例 69】 2013 年 12 月 29 日，亨利公司市场部张勇出差归来，报销差旅费 930 元。应作如下会计处理：

借：销售费用　　930

　　库存现金　　70

　　贷：其他应收款——张勇　　1 000

第十一节　其他应付款

一、其他应付款的定义及内容

其他应付款的定义及内容如图 6－9 所示。

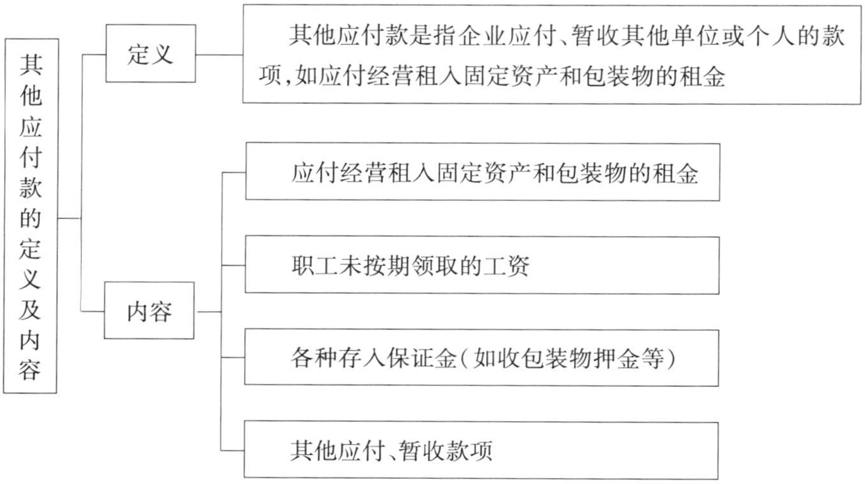

图 6－9　其他应付款的定义及内容

二、其他应付款的会计处理

其他应付款的会计处理如表 6－16 所示。

表 6－16　其他应付款的会计处理

业务内容	会计分录
企业发生的各种应付、暂收款项时	借：银行存款 　　管理费用 　　制造费用 　　贷：其他应付款
企业支付应付、暂收的款项时	借：其他应付款 　　贷：银行存款

三、其他应付款业务案例

【例70】2013年12月29日，亨利公司将一台设备租赁给甲公司使用，收取押金2 000元，租期3个月。应作如下会计处理：

借：银行存款　　2 000

　　贷：其他应付款——甲公司　　2 000

第七章

利润形成与分配业务的核算

第一节 营业外收入

一、营业外收入的定义及内容

营业外收入的定义及内容如表 7－1 所示。

表 7－1 营业外收入的定义及内容

项目	具体内容	
定义	营业外收入是指企业发生的与其经营活动无直接关系的各项净收入	
内容	处理固定资产收入	企业处置固定资产所获得的处置收入
	固定资产盘盈	企业在财产清查盘点中发现的账外固定资产的估计原值减去估计折旧后的净值
	罚款收入	合同对方违约取得的滞纳金和违约金收入
	教育费附加返还款	自办职工子弟学校的企业在交纳教育费附加后，教育部门返还给企业的所办学校经费补贴费

二、营业外收入的会计处理

营业外收入的会计处理如表 7－2 所示。

表 7－2 营业外收入的会计处理

业务内容	会计分录
处理固定资产净收益	借：固定资产清理 贷：营业外收入——处置非流动资产利得
固定资产盘盈	借：待处理财产损溢——待处理固定资产损溢 贷：营业外收入——固定资产盘盈
罚款收入、教育费附加返还款	借：银行存款 贷：营业外收入——罚款收入（教育费附加返还款）
期末结转	借：营业外收入 贷：本年利润

三、营业外收入业务案例

【例71】 2013年12月29日，亨利公司收到甲公司因违反双方签订的购销合同而支付的违约金5 000元，已存入银行。应作如下会计处理：

借：银行存款　　5 000

　　贷：营业外收入　　5 000

第二节　营业外支出

一、营业外支出的定义及内容

营业外支出的定义及内容如图 7－1 所示。

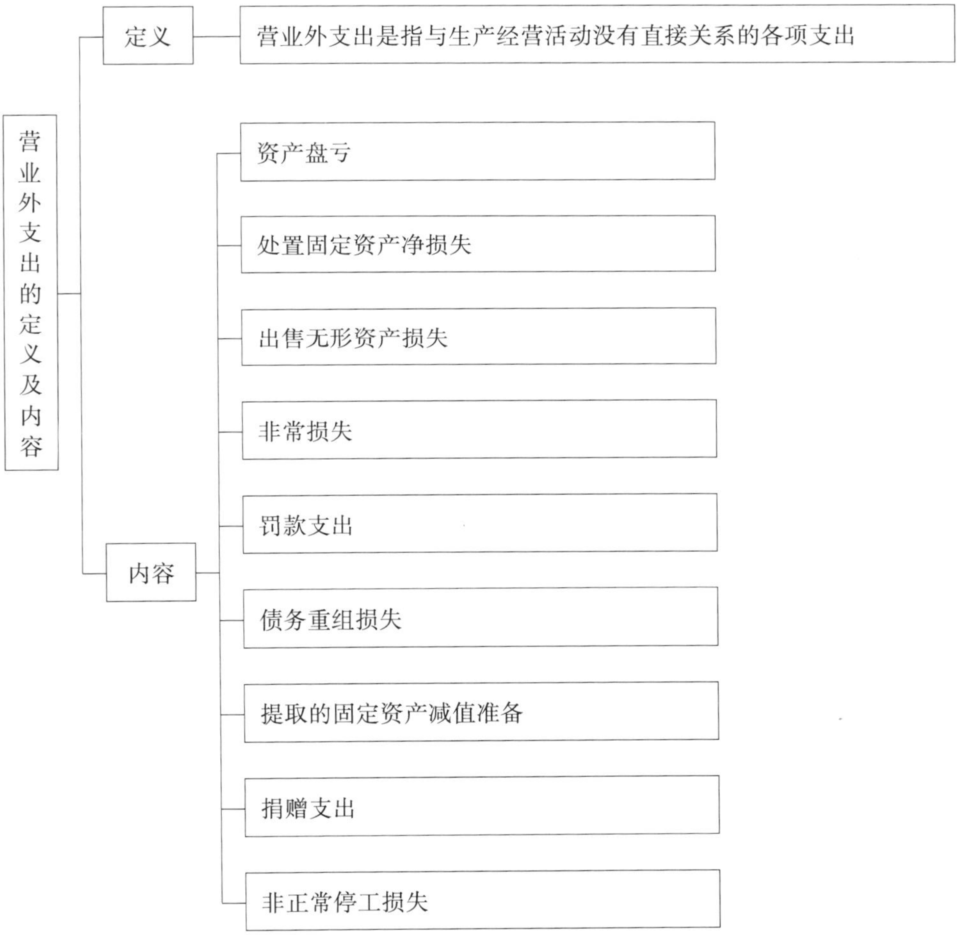

图 7－1　营业外支出的定义及内容

二、营业外支出的会计处理

营业外支出的会计处理如表 7－3 所示。

表 7－3　营业外支出的会计处理

业务内容	会计分录
固定资产盘亏	借：营业外支出——固定资产盘亏 　贷：待处理财产损溢——待处理固定资产损溢
处置固定资产净损失	借：营业外支出——处置固定资产净损失 　贷：固定资产清理
公益救济性捐赠、支付赔偿金、违约金	借：营业外支出——捐赠支出 　贷：银行存款
非常损失	借：营业外支出——非常损失 　贷：固定资产清理
发生非正常停工损失	借：营业外支出——非正常停工损失 　贷：生产成本——基本生产成本 　　　　　　——辅助生产成本
期末结转	借：本年利润 　贷：营业外支出

三、营业外支出业务案例

【例 72】2013 年 12 月 29 日，亨利公司对固定资产进行清查，发现盘亏设备一台，该设备的账面原值为 30 000 元，已提折旧 16 000 元，经过有关部门批准将盘亏的设备转入"营业外支出"账户。应作如下会计处理：

(1)发现盘亏时：

借：待处理财产损溢——待处理固定资产损溢　　14 000
　　累计折旧　　16 000
　　贷：固定资产　　30 000

(2)批准处理时：

借：营业外支出——固定资产盘亏　　14 000
　　贷：待处理财产损溢——待处理固定资产损溢　　14 000

第三节　本年利润

一、本年利润的定义及结转方法

本年利润的定义及结转方法如表7－4所示。

表7－4　本年利润的定义及结转方法

项目		具体内容
定义		指企业在一定会计期间的经营成果，它是企业在一定会计期间内实现的收入减去费用后的余额
结转方法	表结法	各损益类账户每月月末只需结计出本月发生额和月末累计余额，不结转到“本年利润”账户，只有在年末时才将全年累计余额转入“本年利润”账户。但每月月末要将损益类账户的本月发生额合计数填入利润表的本月数栏，同时将本月末累计余额填入利润表的本年累计数栏，通过利润表计算反映各期的利润（或亏损）
	账结法	每月月末均需编制转账凭证，将在账上结计出的各损益类账户的余额转入“本年利润”科目。结转后“本年利润”科目的本月合计数反映当月实现的利润或发生的亏损，“本年利润”科目的本年累计数反映本年累计实现的利润或发生的亏损

二、本年利润的核算

本年利润的核算如图7－2所示。

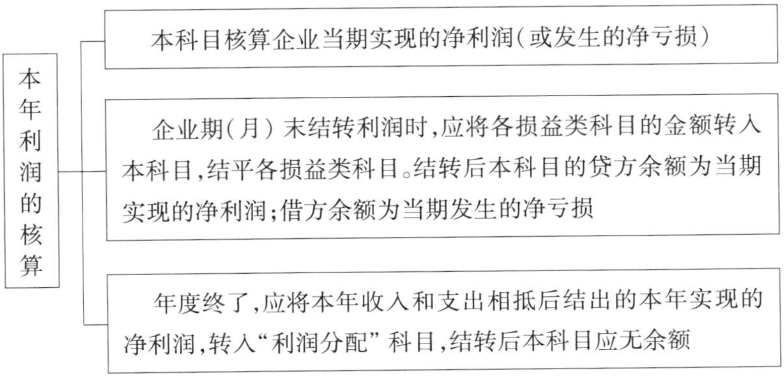

图7－2　本年利润的核算

三、本年利润的会计处理

本年利润的会计处理如表7－5所示。

表7－5　本年利润的会计处理

业务内容	会计分录
结转收入	借：主营业务收入 　　其他业务收入 　　营业外收入 　　贷：本年利润
结转成本、费用和税金	借：本年利润 　　贷：主营业务成本 　　　　营业税金及附加 　　　　其他业务成本 　　　　销售费用 　　　　管理费用 　　　　财务费用 　　　　营业外支出 　　　　投资收益
投资收益	净收益的： 借：投资收益 　　贷：本年利润 净损失的： 借：本年利润 　　贷：投资收益
年末结转利润分配	将本年的收入和支出相抵后如果是净利润： 借：本年利润 　　贷：利润分配——未分配利润 如果是净亏损： 借：利润分配——未分配利润 　　贷：本年利润

四、本年利润业务案例

【例73】2013年12月31日，亨利公司将收入科目余额转入本年利润。应作如下会计处理：

借：主营业务收入	802 000	
其他业务收入	20 000	
营业外收入	312 500	
贷：本年利润		1 134 500

【例 74】 2013 年 12 月 31 日，亨利公司将成本费用科目余额转入本年利润。应作如下会计处理：

借：本年利润	550 534.25	
贷：主营业务成本		376 600.00
营业税金及附加		6 550.00
其他业务成本		12 000.00
营业外支出		51 000.00
管理费用		72 200.00
销售费用		30 430.00
财务费用		1 754.25

第四节　所得税费用

一、所得税的概述

所得税的概述如表 7－6 所示。

表 7－6　所得税的概述

项目	具体内容
定义	所得税是国家对企业生产经营所得和其他所得依法课征的一种税
纳税人	《企业所得税法》规定，凡实行独立经济核算的国有企业、集体企业、私营企业、联营企业、股份制企业以及有生产、经营所得和其他所得的其他组织，均为企业所得税的纳税义务人
征税对象	上述企业或组织的生产经营所得和其他所得，包括来源于中国境内的所得和来源于中国境外的所得

二、所得税的性质

所得税作为企业取得可供分配的净收益(即税后利润)所必须花费的代价，是企业的一项费用，而不是收益的分配。所得税的性质如表 7－7 所示。

表 7－7　所得税的性质

性质	内容
从所得税的属性上看，其本身就是企业的一项费用支出	企业作为独立的经营实体，在经营活动中不仅直接消耗了物化劳动和活劳动，还间接地消耗了社会资源并对社会资源造成影响。因此，国家应以社会管理者的身份通过课征所得税的形式向企业收取其支出，而企业则应作为费用从收益中得到补偿
从收入与费用配比的原则出发，所得税应作为费用处理	因为所得税是企业要取得净收益所必须花费的代价，即为取得收入所发生的费用支出

会计所得和纳税所得在确认上存在着对收益、费用或损失的确认口径不一致和确认时间的不一致，由此就产生了会计所得和纳税所得之间的永久性差异和暂时性差异。永久性差异和暂时性差异的具体内容如表 7－8 所示。

表7－8　永久性差异和暂时性差异的具体内容

<table>
<tr><td>永久性差异</td><td colspan="2">指某一会计期间，由于会计法规和税收法规在计算收益、费用或损失时的口径不同，所产生的税前会计利润与应纳税所得额之间的差异。这种由于计算口径不同而产生的差异，一旦在本期发生便永久存在，不会在以后各期转回</td></tr>
<tr><td rowspan="3">暂时性差异</td><td colspan="2">指资产或负债的账面价值与其计税基础之间的差额。此外，某些不符合资产、负债的确认条件，未作为财务报表中资产、负债列示的项目，如果按照税法规定可以确定计税基础，该计税基础与其账面价值之间的差额也属于暂时性差异</td></tr>
<tr><td>应纳税暂时性差异</td><td>指在确定未来收回资产或清偿负债期间的应纳税所得额时，将导致产生应税金额的暂时性差异。资产的账面价值大于其计税基础或是负债的账面价值小于其计税基础时，会产生应纳税暂时性差异</td></tr>
<tr><td>可抵扣暂时性差异</td><td>指在确定未来收回资产或清偿负债期间的应纳税所得额时，将导致产生可抵扣金额的暂时性差异。资产的账面价值小于其计税基础或负债的账面价值大于其计税基础时，会产生可抵扣暂时性差异</td></tr>
</table>

三、应纳税所得额的确定

在缴纳所得税时，企业应当按照税收规定对税前会计利润进行调整，并按照调整后的数额申报缴纳所得税。

应交所得税额的计算公式：

应纳税所得额＝利润总额＋纳税调整增加额－纳税调整减少额

应交所得税额＝应纳税所得额×所得税率

纳税调整增加额与纳税调整减少额的内容如表7－9所示。

表7－9　纳税调整增加额与纳税调整减少额的内容

项目	具体内容
纳税调整增加额	企业已计入当期费用但超过税法规定扣除标准的金额（如超过税法规定标准的工资支出、业务招待费支出），以及企业已计入当期损失但税法规定不允许扣除项目的金额（如税滞纳金、罚款、罚金）
纳税调整减少额	按税法规定允许弥补的亏损和准予免税的项目，企业已计入当期会计利润部分，如5年内的未弥补亏损和国债利息收入等

四、所得税费用的核算

1. 所得税核算的账户设置

所得税的账户设置如图7－3所示。

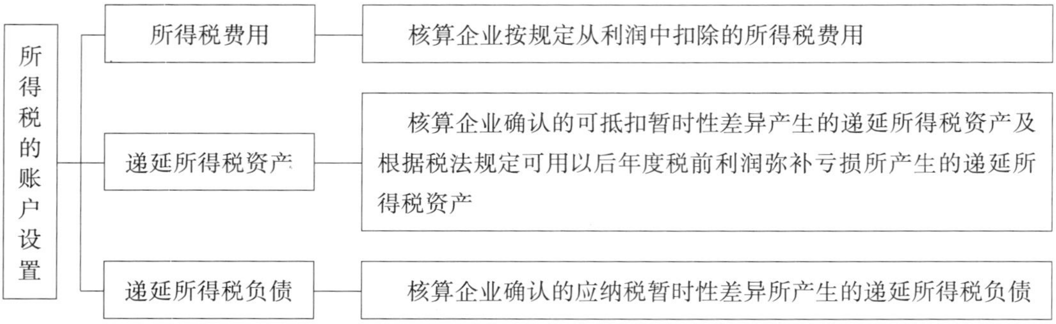

图 7－3　所得税的账户设置

2. 所得税费用的核算步骤

资产负债表债务法下所得税费用的核算步骤如表 7－10 所示。

表 7－10　所得税费用的核算步骤

步骤	具体内容
第一步	计算当期应交所得税
第二步	计算暂时性差异的影响额，分别确认递延所得税资产和递延所得税负债期末余额
第三步	计算所得税费用

3. 计算当期所得税费用

在资产负债表日，计算当期所得税费用。计算公式为：

当期所得税＝应纳税所得额×适用税率

有关会计分录如表 7－11 所示。

表 7－11　当期所得税费用的会计处理

业务内容	会计分录
预交纳所得税	借：所得税费用——当期所得税费用 　　贷：应交税费——应交所得税
按税法规定退税	如果在本年度退回的情况： (1)收到退税款： 借：银行存款 　　贷：所得税费用 (2)结转所得税： 借：所得税费用 　　贷：本年利润

（续表）

业务内容	会计分录
按税法规定退税	如果在下年度退回的情况： 借：银行存款 　　贷：应交税费——应交所得税 借：应交税费——应交所得税 　　贷：以前年度损益调整 借：以前年度损益调整 　　贷：利润分配——未分配利润
政策退税	按“政府补助”处理即可，收到退税时： 借：银行存款 　　贷：营业外收入——所得税退税
政府补助	收到退税时： 借：银行存款 　　贷：营业外收入——所得税退税

4. 递延所得税的确认

一般在资产负债表日，分别确认递延所得税资产和递延所得税负债期末余额；对企业合并等特殊交易或事项，在确认资产、负债时分别确认递延所得税资产和递延所得税负债。基本核算步骤如图 7 －4 所示。

图 7 －4　基本核算步骤

递延所得税的初始确认及其后续调整的会计处理如表 7 －12 所示。

表 7－12　递延所得税的初始确认及其后续调整的会计处理

	递延所得税的初始确认	递延所得税的后续调整
递延所得税资产和递延所得税收益（商誉、资本公积）	递延所得税资产应有余额＝可抵扣暂时性差异×适用税率 本期应确认的递延所得税收益＝递延所得税资产应有余额	递延所得税资产应有余额＝可抵扣暂时性差异×适用税率 本期应确认的递延所得税收益＝递延所得税资产应有余额－确认前账面余额
	借：递延所得税资产 贷：所得税费用——递延所得税费用 资本公积——其他资本公积 商誉等	借：递延所得税资产 贷：所得税费用——递延所得税费用 资本公积——其他资本公积 商誉等
递延所得税负债和递延所得税费用（商誉、资本公积）	递延所得税负债应有余额＝应纳税暂时性差异×适用税率 本期确认的递延所得税费用＝应确认的递延所得税负债	递延所得税负债应有余额＝应纳税暂时性差异×适用税率 本期确认的递延所得税费用＝递延所得税负债应有余额－确认前账面余额
	借：所得税费用——递延所得税费用 资本公积——其他资本公积 商誉等 贷：递延所得税负债	借：所得税费用——递延所得税费用 资本公积——其他资本公积 商誉等 贷：递延所得税负债

记入当期损益的所得税费用或收益＝当期所得税费用＋递延所得税费用（收益）
＝当期所得税费用＋（递延所得税负债期末余额－期初余额）－
（递延所得税资产期末余额－期初余额）

应作如下会计处理：

借：本年利润

　　贷：所得税费用——当期所得税费用

　　　　　　　　　——递延所得税费用

五、所得税费用业务案例

【例 75】2013 年 12 月 31 日，亨利公司依据利润总额 583 965.75 元，计提所得税费用 145 991.44 元，应作如下会计处理：

借：所得税费用　　145 991.44

　　贷：应交税费——应交所得税　　145 991.44

【例 76】2013 年 12 月 31 日，亨利公司将所得税费用 145 991.44 元，转入本年利润账户，应作如下会计处理：

借：本年利润　　145 991.44

　　贷：所得税费用　　145 991.44

第五节　盈余公积

一、盈余公积的概述

盈余公积的概述如表 7－13 所示。

表 7－13　盈余公积的概述

项目	具体内容
盈余公积	指企业按照国家有关规定从税后利润中提取的积累资金，是企业有指定用途的留存收益
法定盈余公积	按净利润的 10% 提取（非公司制企业也可按超出 10% 的比例提取），此项公积金达到注册资本的 50% 时，可不再提取
任意盈余公积	主要是公司制企业设置，它是经股东大会或类似机构批准，按照一定的比例提取的

二、盈余公积的用途

盈余公积的用途如图 7－5 所示。

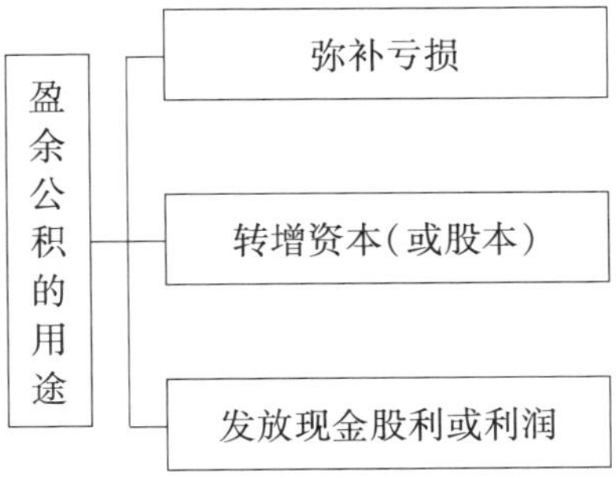

图 7－5　盈余公积的用途

三、盈余公积的会计处理

盈余公积的会计处理如表 7－14 所示。

表 7－14 盈余公积的会计处理

业务内容	会计分录
提取盈余公积	借：利润分配——提取法定盈余公积 ——提取任意盈余公积 贷：盈余公积——法定盈余公积 ——任意盈余公积
盈余公积补亏	借：盈余公积 贷：利润分配——盈余公积补亏
盈余公积转增资本	借：盈余公积 贷：实收资本 或股本

四、盈余公积业务案例

【例 77】2013 年 12 月 31 日，亨利公司依据本年的净利润 437 974.31 元，按 10% 提取法定盈余公积，应作如下会计处理：

借：利润分配——提取法定盈余公积　43 797.43

贷：盈余公积——法定盈余公积　43 797.43

第六节　利润分配

企业实现的净利润，应根据国家的相关规定进行合理的分配，因为，利润分配的过程与结果，是与所有者的合法权益能否得到保护，企业能否长期、稳定发展的重要问题紧密相联的。

一、利润分配的顺序

企业利润分配的主体一般包括国家、投资者、企业和企业内部职工，对其进行分配时，应根据《中华人民共和国公司法》等有关法规的规定进行。企业当年实现的净利润，一般应按照下列顺序和金额进行分配，如表 7－15 所示。

表 7－15　利润分配的一般顺序

顺序	内容
提取法定盈余公积	法定盈余公积是指企业按照规定的比例从净利润中提取的盈余公积，一般按照税后净利润的 10% 提取。法定盈余公积金已达注册资本的 50% 时可不再提取。 提取的法定盈余公积用于弥补以前年度亏损或转增资本。但转增资本后留存的法定盈余公积不得低于注册资本的 25%，换句话说，在法定盈余公积不到注册资本的 25% 时，是不得用来转增资本的
提取任意盈余公积	任意盈余公积是指企业经股东大会或类似机构批准按照规定的比例从本年实现的净利润中提取的盈余公积
向投资人分配利润	企业以前年度未分配的利润，可以并入本年度分配。可供投资者分配的利润应按下列顺序进行分配： (1) 应付优先股股利。 (2) 应付普通股股利。 企业如果本年发生亏损，可以用以后年度实现的利润弥补，也可以用以前年度所提取的盈余公积弥补。在以前年度亏损没有弥补完的情况下，不能提取法定盈余公积，在提取法定盈余公积之前，不能向投资者分配利润
转作资本的利润	企业按照利润分配方案以利润转增资本

二、利润分配的核算

1. 账户的设置

企业应设置“利润分配”账户，用来核算企业年度内利润的分配（或亏损的弥补）和历年分配（或弥补）后的结存余额。利润分配的明细账户如图 7－6 所示。

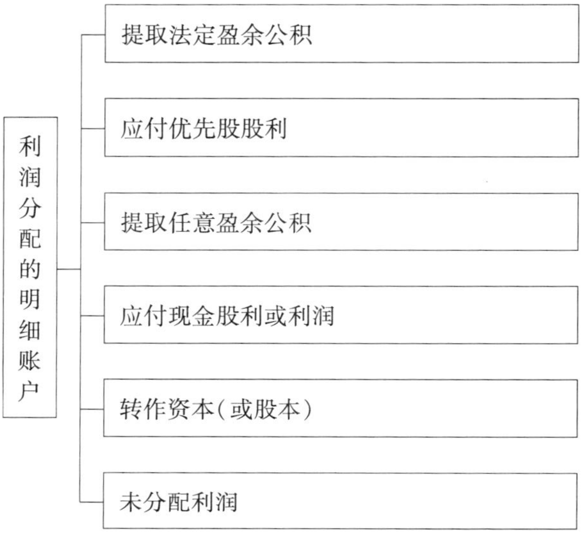

图 7－6　利润分配的明细账户

2. 利润分配的会计处理

利润分配的会计处理如表 7－16 所示。

表 7－16　利润分配的会计处理

业务内容	会计分录
将本年利润转入利润分配时	借：本年利润 　贷：利润分配——未分配利润
提取法定盈余公积和任意盈余公积时	借：利润分配——提取法定盈余公积 　　　　　　——提取任意盈余公积 　贷：盈余公积——法定盈余公积 　　　　　　　——任意盈余公积
用法定盈余公积和任意盈余公积弥补亏损时	借：盈余公积——法定盈余公积 　　　　　　——任意盈余公积 　贷：利润分配——盈余公积补亏

（续表）

业务内容	会计分录
向投资者分配利润	借：利润分配——应付普通股股利 　　　　　　——应付优先股股利 　贷：应付股利
结转利润分配额	借：利润分配——未分配利润 　贷：利润分配——提取法定盈余公积 　　　　　　　——提取任意盈余公积 　　　　　　　——应付普通股股利 　　　　　　　——应付优先股股利

三、利润分配业务案例

【例 78】 2013 年 12 月 31 日，亨利公司将净利润 437 974.31 元，转入利润分配账户，应作如下会计处理：

借：本年利润　　437 974.31

　贷：利润分配——未分配利润　　437 974.31

【例 79】 2013 年 12 月 31 日，亨利公司结转利润分配账户，应作如下会计处理：

借：利润分配——未分配利润　　43 797.43

　贷：利润分配——提取法定盈余公积　　43 797.43

第八章

会计凭证与账簿登记

第一节　登记记账凭证

记　账　凭　证

2013 年 12 月 01 日　　　　　　　　记字第 1 号

摘　要	总账科目	明细科目	过账	借方金额										过账	贷方金额								
				千	百	十	万	千	百	十	元	角	分		千	百	十	万	千	百	十	元	角	分
存现	银行存款		√					5	1	0	0	0	0										
	库存现金													√					5	1	0	0	0	0
合　计							¥	5	1	0	0	0	0					¥	5	1	0	0	0	0

附件　张

财务主管：王辉　　记账：于娜　　出纳：张花　　审核：陈冠宇　　制单：赵琪

记　账　凭　证

2013 年 12 月 01 日　　　　　　　　记字第 2 号

摘　要	总账科目	明细科目	过账	借方金额										过账	贷方金额								
				千	百	十	万	千	百	十	元	角	分		千	百	十	万	千	百	十	元	角	分
预借差旅费	其他应收款		√					2	0	0	0	0	0										
	库存现金													√					2	0	0	0	0	0
合　计							¥	2	0	0	0	0	0					¥	2	0	0	0	0	0

附件　张

财务主管：王辉　　记账：于娜　　出纳：张花　　审核：陈冠宇　　制单：赵琪

记账凭证

2013 年 12 月 02 日　　　　记字第 3 – ½号

摘要	总账科目	明细科目	过账	借方金额										过账	贷方金额									
				千	百	十	万	千	百	十	元	角	分		千	百	十	万	千	百	十	元	角	分
现金短缺	待处理财产损溢	待处理流动资产损溢	√						2	0	0	0	0											
	库存现金													√						2	0	0	0	0
合计								¥	2	0	0	0	0						¥	2	0	0	0	0

附件　张

财务主管：王辉　　记账：于娜　　出纳：张花　　审核：陈冠宇　　制单：赵琪

记账凭证

2013 年 12 月 03 日　　　　记字第 3 – ⅔号

摘要	总账科目	明细科目	过账	借方金额										过账	贷方金额									
				千	百	十	万	千	百	十	元	角	分		千	百	十	万	千	百	十	元	角	分
张花赔偿	其他应收款	张花	√						2	0	0	0	0											
	待处理财产损溢	待处理流动资产损溢												√						2	0	0	0	0
合计								¥	2	0	0	0	0						¥	2	0	0	0	0

附件　张

财务主管：王辉　　记账：于娜　　出纳：张花　　审核：陈冠宇　　制单：赵琪

记　账　凭　证

2013 年 12 月 03 日　　　　　　记字第 4 号

摘　要	总账科目	明细科目	过账	借方金额										过账	贷方金额									
				千	百	十	万	千	百	十	元	角	分		千	百	十	万	千	百	十	元	角	分
报销差旅费	管理费用		√					1	5	0	0	0	0											
	库存现金		√						5	0	0	0	0											
	其他应收款													√					2	0	0	0	0	0
合　计							¥	2	0	0	0	0	0					¥	2	0	0	0	0	0

附件　张

财务主管：王辉　　记账：于娜　　出纳：张花　　审核：陈冠宇　　制单：赵琪

记　账　凭　证

2013 年 12 月 03 日　　　　　　记字第 5 号

摘　要	总账科目	明细科目	过账	借方金额										过账	贷方金额									
				千	百	十	万	千	百	十	元	角	分		千	百	十	万	千	百	十	元	角	分
销售商品	银行存款		√				4	0	9	5	0	0	0											
	主营业务收入													√				3	5	0	0	0	0	0
	应交税费	应交增值税（销项税额）												√					5	9	5	0	0	0
合　计						¥	4	0	9	5	0	0	0				¥	4	0	9	5	0	0	0

附件　张

财务主管：王辉　　记账：于娜　　出纳：张花　　审核：陈冠宇　　制单：赵琪

记 账 凭 证

2013 年 12 月 03 日　　　　　　　　记字第 6 号

摘　要	总账科目	明细科目	过账	借方金额										过账	贷方金额								
				千	百	十	万	千	百	十	元	角	分		千	百	十	万	千	百	十	元	角	分
购买材料	原材料		√					2	0	0	0	0	0										
	应交税费	应交增值税（进项税额）	√						3	4	0	0	0										
	银行存款													√					2	3	4	0	0	0
合　　计							¥	2	3	4	0	0	0					¥	2	3	4	0	0	0

附件　张

财务主管：王辉　　记账：于娜　　出纳：张花　　审核：陈冠宇　　制单：赵琪

记 账 凭 证

2013 年 12 月 03 日　　　　　　　　记字第 7 号

摘　要	总账科目	明细科目	过账	借方金额										过账	贷方金额								
				千	百	十	万	千	百	十	元	角	分		千	百	十	万	千	百	十	元	角	分
开设采购账户	其他货币资金	外埠存款	√			3	0	0	0	0	0	0	0										
	银行存款													√			3	0	0	0	0	0	0	0
合　　计					¥	3	0	0	0	0	0	0	0			¥	3	0	0	0	0	0	0	0

附件　张

财务主管：王辉　　记账：于娜　　出纳：张花　　审核：陈冠宇　　制单：赵琪

记　账　凭　证

2013 年 12 月 04 日　　　　　　记字第 8 号

摘　要	总账科目	明细科目	过账	借方金额										过账	贷方金额									
				千	百	十	万	千	百	十	元	角	分		千	百	十	万	千	百	十	元	角	分
采购材料	原材料		√			2	5	0	0	0	0	0	0											
	应交税费	应交增值税（进项税额）	√				4	2	5	0	0	0	0											
	其他货币资金	外埠存款												√			2	9	2	5	0	0	0	0
合　计					¥	2	9	2	5	0	0	0	0			¥	2	9	2	5	0	0	0	0

附件　张

财务主管：王辉　　记账：于娜　　出纳：张花　　审核：陈冠宇　　制单：赵琪

记　账　凭　证

2013 年 12 月 04 日　　　　　　记字第 9 号

摘　要	总账科目	明细科目	过账	借方金额										过账	贷方金额									
				千	百	十	万	千	百	十	元	角	分		千	百	十	万	千	百	十	元	角	分
收到剩余采购款	银行存款		√					7	5	0	0	0	0											
	其他货币资金	外埠存款												√					7	5	0	0	0	0
合　计							¥	7	5	0	0	0	0					¥	7	5	0	0	0	0

附件　张

财务主管：王辉　　记账：于娜　　出纳：张花　　审核：陈冠宇　　制单：赵琪

记 账 凭 证

2013 年 12 月 05 日　　　　记字第 10 号

摘　要	总账科目	明细科目	过账	借方金额										过账	贷方金额									
				千	百	十	万	千	百	十	元	角	分		千	百	十	万	千	百	十	元	角	分
办理银行汇票	其他货币资金	银行汇票存款	√				1	0	0	0	0	0	0											
	银行存款													√				1	0	0	0	0	0	0
合　计						¥	1	0	0	0	0	0	0				¥	1	0	0	0	0	0	0

附件　张

财务主管：王辉　　记账：于娜　　出纳：张花　　审核：陈冠宇　　制单：赵琪

记 账 凭 证

2013 年 12 月 05 日　　　　记字第 11 号

摘　要	总账科目	明细科目	过账	借方金额										过账	贷方金额									
				千	百	十	万	千	百	十	元	角	分		千	百	十	万	千	百	十	元	角	分
采购商品	库存商品		√					8	0	0	0	0	0											
	应交税费	应交增值税（进项税额）	√					1	3	6	0	0	0											
	其他货币资金	银行汇票存款												√					9	3	6	0	0	0
合　计							¥	9	3	6	0	0	0					¥	9	3	6	0	0	0

附件　张

财务主管：王辉　　记账：于娜　　出纳：张花　　审核：陈冠宇　　制单：赵琪

记　账　凭　证

2013 年 12 月 05 日　　　　　　　　记字第 12 号

摘　要	总账科目	明细科目	过账	借方金额										过账	贷方金额									
				千	百	十	万	千	百	十	元	角	分		千	百	十	万	千	百	十	元	角	分
采购完毕退回多余款	银行存款		√						6	4	0	0	0											
	其他货币资金	银行汇票存款												√						6	4	0	0	0
合　　计								¥	6	4	0	0	0						¥	6	4	0	0	0

附件　张

财务主管：王辉　　记账：于娜　　出纳：张花　　审核：陈冠宇　　制单：赵琪

记　账　凭　证

2013 年 12 月 06 日　　　　　　　　记字第 13 号

摘　要	总账科目	明细科目	过账	借方金额										过账	贷方金额									
				千	百	十	万	千	百	十	元	角	分		千	百	十	万	千	百	十	元	角	分
办理信用卡	其他货币资金	信用卡存款	√				4	0	0	0	0	0	0											
	银行存款													√				4	0	0	0	0	0	0
合　　计						¥	4	0	0	0	0	0	0				¥	4	0	0	0	0	0	0

附件　张

财务主管：王辉　　记账：于娜　　出纳：张花　　审核：陈冠宇　　制单：赵琪

记 账 凭 证

2013 年 12 月 06 日　　　　　　记字第 14 号

摘　要	总账科目	明细科目	过账	借方金额										过账	贷方金额								
				千	百	十	万	千	百	十	元	角	分		千	百	十	万	千	百	十	元	角	分
支付招待费	管理费用		√					1	0	0	0	0	0										
	其他货币资金	信用卡存款												√					1	0	0	0	0	0
合　计							¥	1	0	0	0	0	0					¥	1	0	0	0	0	0

附件　张

财务主管：王辉　　记账：于娜　　出纳：张花　　审核：陈冠宇　　制单：赵琪

记 账 凭 证

2013 年 12 月 06 日　　　　　　记字第 15 号

摘　要	总账科目	明细科目	过账	借方金额										过账	贷方金额								
				千	百	十	万	千	百	十	元	角	分		千	百	十	万	千	百	十	元	角	分
存入信用证保证金	其他货币资金	信用证保证金存款	√				5	0	0	0	0	0	0										
	银行存款													√				5	0	0	0	0	0	0
合　计						¥	5	0	0	0	0	0	0				¥	5	0	0	0	0	0	0

附件　张

财务主管：王辉　　记账：于娜　　出纳：张花　　审核：陈冠宇　　制单：赵琪

记　账　凭　证

2013 年 12 月 06 日　　　　　　记字第 16 号

摘　要	总账科目	明细科目	过账	借方金额										过账	贷方金额								
				千	百	十	万	千	百	十	元	角	分		千	百	十	万	千	百	十	元	角	分
存出投资款	其他货币资金	存出投资款	√			5	0	0	0	0	0	0	0											
	银行存款													√			5	0	0	0	0	0	0	0
合　计					¥	5	0	0	0	0	0	0	0			¥	5	0	0	0	0	0	0	0

附件　张

财务主管：王辉　　记账：于娜　　出纳：张花　　审核：陈冠宇　　制单：赵琪

记　账　凭　证

2013 年 12 月 06 日　　　　　　记字第 17 号

摘　要	总账科目	明细科目	过账	借方金额										过账	贷方金额								
				千	百	十	万	千	百	十	元	角	分		千	百	十	万	千	百	十	元	角	分
接受现金投资	银行存款		√			5	0	0	0	0	0	0	0											
	实收资本													√			5	0	0	0	0	0	0	0
合　计					¥	5	0	0	0	0	0	0	0			¥	5	0	0	0	0	0	0	0

附件　张

财务主管：王辉　　记账：于娜　　出纳：张花　　审核：陈冠宇　　制单：赵琪

记账凭证

2013 年 12 月 06 日　　　　　　　记字第 18 号

摘要	总账科目	明细科目	过账	借方金额										过账	贷方金额								
				千	百	十	万	千	百	十	元	角	分		千	百	十	万	千	百	十	元	角	分
接受无形资产投资	无形资产		√			2	0	0	0	0	0	0	0											
	实收资本													√			2	0	0	0	0	0	0	0
合计					¥	2	0	0	0	0	0	0	0			¥	2	0	0	0	0	0	0	0

附件　张

财务主管：王辉　　记账：于娜　　出纳：张花　　审核：陈冠宇　　制单：赵琪

记账凭证

2013 年 12 月 07 日　　　　　　　记字第 19 号

摘要	总账科目	明细科目	过账	借方金额										过账	贷方金额								
				千	百	十	万	千	百	十	元	角	分		千	百	十	万	千	百	十	元	角	分
取得短期借款	银行存款		√			2	0	0	0	0	0	0	0											
	短期借款													√			2	0	0	0	0	0	0	0
合计					¥	2	0	0	0	0	0	0	0			¥	2	0	0	0	0	0	0	0

附件　张

财务主管：王辉　　记账：于娜　　出纳：张花　　审核：陈冠宇　　制单：赵琪

记　账　凭　证

2013 年 12 月 07 日　　　　　　记字第 20 号

摘　要	总账科目	明细科目	过账	借方金额										过账	贷方金额								
				千	百	十	万	千	百	十	元	角	分		千	百	十	万	千	百	十	元	角	分
支付借款利息	财务费用		√					1	5	0	0	0	0											
	银行存款													√					1	5	0	0	0	0
合　　计							¥	1	5	0	0	0	0					¥	1	5	0	0	0	0

附件　张

财务主管：王辉　　记账：于娜　　出纳：张花　　审核：陈冠宇　　制单：赵琪

记　账　凭　证

2013 年 12 月 07 日　　　　　　记字第 21 号

摘　要	总账科目	明细科目	过账	借方金额										过账	贷方金额								
				千	百	十	万	千	百	十	元	角	分		千	百	十	万	千	百	十	元	角	分
归还短期借款	短期借款		√				8	0	0	0	0	0	0											
	银行存款													√				8	0	0	0	0	0	0
合　　计						¥	8	0	0	0	0	0	0				¥	8	0	0	0	0	0	0

附件　张

财务主管：王辉　　记账：于娜　　出纳：张花　　审核：陈冠宇　　制单：赵琪

记 账 凭 证

2013 年 12 月 08 日　　　　记字第 22 号

摘 要	总账科目	明细科目	过账	借方金额										过账	贷方金额									
				千	百	十	万	千	百	十	元	角	分		千	百	十	万	千	百	十	元	角	分
支付手续费	财务费用		√					3	0	0	0	0	0											
	银行存款													√					3	0	0	0	0	0
合 计							¥	3	0	0	0	0	0					¥	3	0	0	0	0	0

附件 张

财务主管：王辉　　记账：于娜　　出纳：张花　　审核：陈冠宇　　制单：赵琪

记 账 凭 证

2013 年 12 月 08 日　　　　记字第 23 – ⅓号

摘 要	总账科目	明细科目	过账	借方金额										过账	贷方金额									
				千	百	十	万	千	百	十	元	角	分		千	百	十	万	千	百	十	元	角	分
购入设备	在建工程		√			2	0	0	0	0	0	0	0											
	应交税费	应交增值税（进项税额）	√				3	4	0	0	0	0	0											
	银行存款													√			2	3	4	0	0	0	0	0
合 计					¥	2	3	4	0	0	0	0	0			¥	2	3	4	0	0	0	0	0

附件 张

财务主管：王辉　　记账：于娜　　出纳：张花　　审核：陈冠宇　　制单：赵琪

记　账　凭　证

2013年12月08日　　　　　　记字第23－$\frac{2}{3}$号

摘　要	总账科目	明细科目	过	借方金额										过	贷方金额									
			账	千	百	十	万	千	百	十	元	角	分	账	千	百	十	万	千	百	十	元	角	分
支付安装费	在建工程		√					8	0	0	0	0	0											
	银行存款													√					8	0	0	0	0	0
合　计							¥	8	0	0	0	0	0					¥	8	0	0	0	0	0

附件　张

财务主管：王辉　　记账：于娜　　出纳：张花　　审核：陈冠宇　　制单：赵琪

记　账　凭　证

2013年12月08日　　　　　　记字第23－$\frac{3}{3}$号

摘　要	总账科目	明细科目	过	借方金额										过	贷方金额									
			账	千	百	十	万	千	百	十	元	角	分	账	千	百	十	万	千	百	十	元	角	分
设备安装完毕	固定资产		√			2	0	8	0	0	0	0	0											
	在建工程													√			2	0	8	0	0	0	0	0
合　计					¥	2	0	8	0	0	0	0	0			¥	2	0	8	0	0	0	0	0

附件　张

财务主管：王辉　　记账：于娜　　出纳：张花　　审核：陈冠宇　　制单：赵琪

记 账 凭 证

2013年12月10日　　　　记字第24号

摘　要	总账科目	明细科目	过账	借方金额										过账	贷方金额								
				千	百	十	万	千	百	十	元	角	分		千	百	十	万	千	百	十	元	角	分
计提本月折旧	制造费用		√				4	3	0	0	0	0	0											
	管理费用		√				2	6	0	0	0	0	0											
	销售费用		√				1	7	0	0	0	0	0											
	累计折旧													√				8	6	0	0	0	0	0
合　计						¥	8	6	0	0	0	0	0				¥	8	6	0	0	0	0	0

附件　张

财务主管：王辉　　记账：于娜　　出纳：张花　　审核：陈冠宇　　制单：赵琪

记 账 凭 证

2013年12月11日　　　　记字第25－1/4号

摘　要	总账科目	明细科目	过账	借方金额										过账	贷方金额								
				千	百	十	万	千	百	十	元	角	分		千	百	十	万	千	百	十	元	角	分
报废机器设备	固定资产清理		√				5	0	0	0	0	0	0											
	累计折旧		√			2	5	0	0	0	0	0	0											
	固定资产													√			3	0	0	0	0	0	0	0
合　计					¥	3	0	0	0	0	0	0	0			¥	3	0	0	0	0	0	0	0

附件　张

财务主管：王辉　　记账：于娜　　出纳：张花　　审核：陈冠宇　　制单：赵琪

记　账　凭　证

2013 年 12 月 11 日　　　　记字第 25－2/4号

摘　要	总账科目	明细科目	过账	借方金额										过账	贷方金额								
				千	百	十	万	千	百	十	元	角	分		千	百	十	万	千	百	十	元	角	分
收回残料价款	银行存款		√				2	0	0	0	0	0	0										
	固定资产清理													√				2	0	0	0	0	0	0
合　计						¥	2	0	0	0	0	0	0				¥	2	0	0	0	0	0	0

附件　张

财务主管：王辉　　记账：于娜　　出纳：张花　　审核：陈冠宇　　制单：赵琪

记　账　凭　证

2013 年 12 月 11 日　　　　记字第 25－3/4号

摘　要	总账科目	明细科目	过账	借方金额										过账	贷方金额								
				千	百	十	万	千	百	十	元	角	分		千	百	十	万	千	百	十	元	角	分
支付清理费	固定资产清理		√					2	0	0	0	0	0										
	银行存款													√					2	0	0	0	0	0
合　计							¥	2	0	0	0	0	0					¥	2	0	0	0	0	0

附件　张

财务主管：王辉　　记账：于娜　　出纳：张花　　审核：陈冠宇　　制单：赵琪

记 账 凭 证

2013 年 12 月 11 日　　　　记字第 25 – 4/4 号

摘　要	总账科目	明细科目	过账	借方金额										过账	贷方金额									
				千	百	十	万	千	百	十	元	角	分		千	百	十	万	千	百	十	元	角	分
结转净损益	营业外支出	非流动资产处置损失	√				3	2	0	0	0	0	0											
	固定资产清理													√				3	2	0	0	0	0	0
合　计						¥	3	2	0	0	0	0	0				¥	3	2	0	0	0	0	0

附件　张

财务主管：王辉　　记账：于娜　　出纳：张花　　审核：陈冠宇　　制单：赵琪

记 账 凭 证

2013 年 12 月 13 日　　　　记字第 26 – 1/2 号

摘　要	总账科目	明细科目	过账	借方金额										过账	贷方金额									
				千	百	十	万	千	百	十	元	角	分		千	百	十	万	千	百	十	元	角	分
盘亏打印机一台	待处理财产损溢	待处理固定资产净损溢	√					5	0	0	0	0	0											
	累计折旧		√				1	0	0	0	0	0	0											
	固定资产													√				1	5	0	0	0	0	0
合　计						¥	1	5	0	0	0	0	0				¥	1	5	0	0	0	0	0

附件　张

财务主管：王辉　　记账：于娜　　出纳：张花　　审核：陈冠宇　　制单：赵琪

记 账 凭 证

2013年12月13日　　　　记字第26－2/2号

摘要	总账科目	明细科目	过账	借方金额										过账	贷方金额									
				千	百	十	万	千	百	十	元	角	分		千	百	十	万	千	百	十	元	角	分
盘亏打印机转销	营业处支出	盘亏损失	√					5	0	0	0	0	0											
	待处理财产损溢	待处理固定资产净损溢												√					5	0	0	0	0	0
合计							¥	5	0	0	0	0	0					¥	5	0	0	0	0	0

附件　张

财务主管：王辉　　记账：于娜　　出纳：张花　　审核：陈冠宇　　制单：赵琪

记 账 凭 证

2013年12月14日　　　　记字第27号

摘要	总账科目	明细科目	过账	借方金额										过账	贷方金额									
				千	百	十	万	千	百	十	元	角	分		千	百	十	万	千	百	十	元	角	分
采购材料	在途物资		√			3	0	1	5	0	0	0	0											
	应交税费	应交增值税（进项税额）	√				5	1	0	0	0	0	0											
	银行存款													√			3	5	2	5	0	0	0	0
合计					¥	3	5	2	5	0	0	0	0			¥	3	5	2	5	0	0	0	0

附件　张

财务主管：王辉　　记账：于娜　　出纳：张花　　审核：陈冠宇　　制单：赵琪

记 账 凭 证

2013 年 12 月 15 日　　　　　　记字第 28 号

摘　要	总账科目	明细科目	过账	借方金额										过账	贷方金额								
				千	百	十	万	千	百	十	元	角	分		千	百	十	万	千	百	十	元	角	分
材料验收入库	原材料		√			3	0	1	5	0	0	0	0											
	在途物资													√			3	0	1	5	0	0	0	0
合　计					¥	3	0	1	5	0	0	0	0			¥	3	0	1	5	0	0	0	0

附件　张

财务主管：王辉　　记账：于娜　　出纳：张花　　审核：陈冠宇　　制单：赵琪

记 账 凭 证

2013 年 12 月 15 日　　　　　　记字第 29 号

摘　要	总账科目	明细科目	过账	借方金额										过账	贷方金额								
				千	百	十	万	千	百	十	元	角	分		千	百	十	万	千	百	十	元	角	分
预付材料款	预付账款	甲公司	√			3	1	0	0	0	0	0	0											
	银行存款													√			3	1	0	0	0	0	0	0
合　计					¥	3	1	0	0	0	0	0	0			¥	3	1	0	0	0	0	0	0

附件　张

财务主管：王辉　　记账：于娜　　出纳：张花　　审核：陈冠宇　　制单：赵琪

记 账 凭 证

2013 年 12 月 16 日　　　　　　记字第 30 号

摘要	总账科目	明细科目	过账	借方金额										过账	贷方金额									
				千	百	十	万	千	百	十	元	角	分		千	百	十	万	千	百	十	元	角	分
材料验收入库	原材料		√			3	0	0	0	0	0	0	0											
	应交税费	应交增值税（进项税额）	√				5	1	0	0	0	0	0											
	预付账款	甲公司												√			3	1	0	0	0	0	0	0
	银行存款													√				4	1	0	0	0	0	0
合　计					¥	3	5	1	0	0	0	0	0			¥	3	5	1	0	0	0	0	0

附件　张

财务主管：王辉　　记账：于娜　　出纳：张花　　审核：陈冠宇　　制单：赵琪

记 账 凭 证

2013 年 12 月 16 日　　　　　　记字第 31 号

摘要	总账科目	明细科目	过账	借方金额										过账	贷方金额									
				千	百	十	万	千	百	十	元	角	分		千	百	十	万	千	百	十	元	角	分
购入材料	在途物资		√			2	0	0	0	0	0	0	0											
	应交税费	应交增值税（进项税额）	√				3	4	0	0	0	0	0											
	银行存款													√			2	3	4	0	0	0	0	0
合　计					¥	2	3	4	0	0	0	0	0			¥	2	3	4	0	0	0	0	0

附件　张

财务主管：王辉　　记账：于娜　　出纳：张花　　审核：陈冠宇　　制单：赵琪

记 账 凭 证

2013 年 12 月 17 日　　　　记字第 32 号

摘　要	总账科目	明细科目	过账	借方金额										过账	贷方金额								
				千	百	十	万	千	百	十	元	角	分		千	百	十	万	千	百	十	元	角	分
材料入库，出现短缺	原材料		√			1	9	0	0	0	0	0	0										
	待处理财产损溢	待处理流动资产损溢	√				1	1	7	0	0	0	0										
	在途物资													√			2	0	0	0	0	0	0
	应交税费	应交增值税（进项税额转出）												√					1	7	0	0	0	0
合　计					¥	2	0	1	7	0	0	0	0			¥	2	0	1	7	0	0	0	0

附件　张

财务主管：王辉　　记账：于娜　　出纳：张花　　审核：陈冠宇　　制单：赵琪

记 账 凭 证

2013 年 12 月 18 日　　　　记字第 33 号

摘　要	总账科目	明细科目	过账	借方金额										过账	贷方金额								
				千	百	十	万	千	百	十	元	角	分		千	百	十	万	千	百	十	元	角	分
运输部门赔偿短缺材料	其他应收款	运输部门	√				1	1	7	0	0	0	0										
	待处理财产损溢	待处理流动资产损溢												√				1	1	7	0	0	0	0
合　计						¥	1	1	7	0	0	0	0				¥	1	1	7	0	0	0	0

附件　张

财务主管：王辉　　记账：于娜　　出纳：张花　　审核：陈冠宇　　制单：赵琪

记　账　凭　证

2013 年 12 月 19 日　　　　　　记字第 34 – ½号

摘　要	总账科目	明细科目	过	借方金额										过	贷方金额									
			账	千	百	十	万	千	百	十	元	角	分	账	千	百	十	万	千	百	十	元	角	分
购入材料	原材料		√				5	0	0	0	0	0	0											
	应交税费	应交增值税（进项税额）	√					8	5	0	0	0	0											
	应付票据													√				5	8	5	0	0	0	0
合　计						¥	5	8	5	0	0	0	0				¥	5	8	5	0	0	0	0

附件　张

财务主管：王辉　　记账：于娜　　出纳：张花　　审核：陈冠宇　　制单：赵琪

记　账　凭　证

2013 年 12 月 19 日　　　　　　记字第 34 – ⅔号

摘　要	总账科目	明细科目	过	借方金额										过	贷方金额									
			账	千	百	十	万	千	百	十	元	角	分	账	千	百	十	万	千	百	十	元	角	分
支付汇票手续费	财务费用		√							2	9	2	5											
	银行存款													√							2	9	2	5
合　计									¥	2	9	2	5							¥	2	9	2	5

附件　张

财务主管：王辉　　记账：于娜　　出纳：张花　　审核：陈冠宇　　制单：赵琪

记账凭证

2013 年 12 月 19 日　　　　记字第 35 号

摘要	总账科目	明细科目	过账	借方金额										过账	贷方金额									
				千	百	十	万	千	百	十	元	角	分		千	百	十	万	千	百	十	元	角	分
购入材料	原材料		√			2	0	0	0	0	0	0	0											
	应交税费	应交增值税（进项税额）	√				3	4	0	0	0	0	0											
	应付账款	甲企业												√			2	3	4	0	0	0	0	0
合计					¥	2	3	4	0	0	0	0	0			¥	2	3	4	0	0	0	0	0

附件　张

财务主管：王辉　　记账：于娜　　出纳：张花　　审核：陈冠宇　　制单：赵琪

记账凭证

2013 年 12 月 19 日　　　　记字第 36 号

摘要	总账科目	明细科目	过账	借方金额										过账	贷方金额									
				千	百	十	万	千	百	十	元	角	分		千	百	十	万	千	百	十	元	角	分
偿还 A 企业货款	应付账款	A 企业	√			2	0	0	0	0	0	0	0											
	银行存款													√			2	0	0	0	0	0	0	0
合计					¥	2	0	0	0	0	0	0	0			¥	2	0	0	0	0	0	0	0

附件　张

财务主管：王辉　　记账：于娜　　出纳：张花　　审核：陈冠宇　　制单：赵琪

记　账　凭　证

2013 年 12 月 19 日　　　　　　记字第 37 号

摘　要	总账科目	明细科目	过账	借方金额										过账	贷方金额									
				千	百	十	万	千	百	十	元	角	分		千	百	十	万	千	百	十	元	角	分
购入原材料	原材料		√			1	0	0	9	3	0	0	0											
	应交税费	应交增值税（进项税额）	√				1	7	0	7	0	0	0											
	银行存款													√			1	1	8	0	0	0	0	0
合　　计					¥	1	1	8	0	0	0	0	0			¥	1	1	8	0	0	0	0	0

附件　张

财务主管：王辉　　记账：于娜　　出纳：张花　　审核：陈冠宇　　制单：赵琪

记　账　凭　证

2013 年 12 月 19 日　　　　　　记字第 38 - ½号

摘　要	总账科目	明细科目	过账	借方金额										过账	贷方金额									
				千	百	十	万	千	百	十	元	角	分		千	百	十	万	千	百	十	元	角	分
销售应税消费品	应收账款	甲公司	√				3	5	1	0	0	0	0											
	主营业务收入													√				3	0	0	0	0	0	0
	应交税费	应交增值税（销项税额）												√					5	1	0	0	0	0
合　　计						¥	3	5	1	0	0	0	0				¥	3	5	1	0	0	0	0

附件　张

财务主管：王辉　　记账：于娜　　出纳：张花　　审核：陈冠宇　　制单：赵琪

记　账　凭　证

2013 年 12 月 19 日　　　　记字第 38 – ²⁄₂号

摘　要	总账科目	明细科目	过账	借方金额										过账	贷方金额								
				千	百	十	万	千	百	十	元	角	分		千	百	十	万	千	百	十	元	角	分
计算应交消费税	营业税金及附加		√					3	0	0	0	0	0											
	应交税费	应交消费税												√					3	0	0	0	0	0
合　计							¥	3	0	0	0	0	0					¥	3	0	0	0	0	0

附件　张

财务主管：王辉　　记账：于娜　　出纳：张花　　审核：陈冠宇　　制单：赵琪

记　账　凭　证

2013 年 12 月 20 日　　　　记字第 39 – ¼号

摘　要	总账科目	明细科目	过账	借方金额										过账	贷方金额								
				千	百	十	万	千	百	十	元	角	分		千	百	十	万	千	百	十	元	角	分
出售仓库	固定资产清理		√			3	0	0	0	0	0	0	0											
	累计折旧		√			7	0	0	0	0	0	0	0											
	固定资产													√		1	0	0	0	0	0	0	0	0
合　计				¥	1	0	0	0	0	0	0	0	0		¥	1	0	0	0	0	0	0	0	0

附件　张

财务主管：王辉　　记账：于娜　　出纳：张花　　审核：陈冠宇　　制单：赵琪

记 账 凭 证

2013 年 12 月 20 日　　　　记字第 39 – 2/4 号

摘要	总账科目	明细科目	过账	借方金额										过账	贷方金额									
				千	百	十	万	千	百	十	元	角	分		千	百	十	万	千	百	十	元	角	分
收到价款	银行存款		√			6	5	0	0	0	0	0	0											
	固定资产清理													√			6	5	0	0	0	0	0	0
合计					¥	6	5	0	0	0	0	0	0			¥	6	5	0	0	0	0	0	0

附件　张

财务主管：王辉　　记账：于娜　　出纳：张花　　审核：陈冠宇　　制单：赵琪

记 账 凭 证

2013 年 12 月 20 日　　　　记字第 39 – 3/4 号

摘要	总账科目	明细科目	过账	借方金额										过账	贷方金额									
				千	百	十	万	千	百	十	元	角	分		千	百	十	万	千	百	十	元	角	分
支付清理费	固定资产清理		√				4	2	5	0	0	0	0											
	银行存款													√				1	0	0	0	0	0	0
	应交税费	应交营业税												√				3	2	5	0	0	0	0
合计						¥	4	2	5	0	0	0	0				¥	4	2	5	0	0	0	0

附件　张

财务主管：王辉　　记账：于娜　　出纳：张花　　审核：陈冠宇　　制单：赵琪

记 账 凭 证

2013 年 12 月 20 日　　　　记字第 39－4/4号

摘 要	总账科目	明细科目	过账	借方金额										过账	贷方金额								
				千	百	十	万	千	百	十	元	角	分		千	百	十	万	千	百	十	元	角	分
结转仓库实现利得	固定资产清理		√			3	0	7	5	0	0	0	0											
	营业外收入													√			3	0	7	5	0	0	0	0
合 计					¥	3	0	7	5	0	0	0	0			¥	3	0	7	5	0	0	0	0

附件　张

财务主管：王辉　　记账：于娜　　出纳：张花　　审核：陈冠宇　　制单：赵琪

记 账 凭 证

2013 年 12 月 20 日　　　　记字第 40 号

摘 要	总账科目	明细科目	过账	借方金额										过账	贷方金额								
				千	百	十	万	千	百	十	元	角	分		千	百	十	万	千	百	十	元	角	分
上交城建税及教育费附加	应交税费	应交城市维护建设税	√						7	0	0	0	0											
	应交税费	应交教育费附加	√						3	0	0	0	0											
	银行存款													√					1	0	0	0	0	0
合 计							¥	1	0	0	0	0	0					¥	1	0	0	0	0	0

附件　张

财务主管：王辉　　记账：于娜　　出纳：张花　　审核：陈冠宇　　制单：赵琪

记 账 凭 证

2013 年 12 月 20 日　　　　记字第 41 号

摘　要	总账科目	明细科目	过账	借方金额										过账	贷方金额								
				千	百	十	万	千	百	十	元	角	分		千	百	十	万	千	百	十	元	角	分
缴纳税费	管理费用		√				1	0	5	0	0	0	0											
	应交税费	应交房产税												√					3	0	0	0	0	0
		应交土地使用税												√					2	5	0	0	0	0
		应交车船税												√					5	0	0	0	0	0
合　计						¥	1	0	5	0	0	0	0				¥	1	0	5	0	0	0	0

附件　张

财务主管：王辉　　记账：于娜　　出纳：张花　　审核：陈冠宇　　制单：赵琪

记 账 凭 证

2013 年 12 月 20 日　　　　记字第 42－½号

摘　要	总账科目	明细科目	过账	借方金额										过账	贷方金额								
				千	百	十	万	千	百	十	元	角	分		千	百	十	万	千	百	十	元	角	分
发放工资	应付职工薪酬	工资	√				5	0	0	0	0	0	0											
	银行存款													√				4	9	2	0	0	0	0
	应交税费	应交个人所得税												√						8	0	0	0	0
合　计						¥	5	0	0	0	0	0	0				¥	5	0	0	0	0	0	0

附件　张

财务主管：王辉　　记账：于娜　　出纳：张花　　审核：陈冠宇　　制单：赵琪

记 账 凭 证

2013 年 12 月 20 日　　　　　　　　记字第 42 – ⅔号

摘　要	总账科目	明细科目	过账	借方金额										过账	贷方金额								
				千	百	十	万	千	百	十	元	角	分		千	百	十	万	千	百	十	元	角	分
缴纳个人所得税	应交税费	应交个人所得税	√						8	0	0	0	0											
	银行存款													√						8	0	0	0	0
合　计								¥	8	0	0	0	0						¥	8	0	0	0	0

附件　张

财务主管：王辉　　记账：于娜　　出纳：张花　　审核：陈冠宇　　制单：赵琪

记 账 凭 证

2013 年 12 月 21 日　　　　　　　　记字第 43 号

摘　要	总账科目	明细科目	过账	借方金额										过账	贷方金额								
				千	百	十	万	千	百	十	元	角	分		千	百	十	万	千	百	十	元	角	分
生产产品领用原材料	生产成本	基本生产成本（A 产品）	√			2	4	0	0	0	0	0	0											
	生产成本	基本生产成本（B 产品）	√			2	4	0	0	0	0	0	0											
	原材料	甲材料												√			4	8	0	0	0	0	0	0
合　计					¥	4	8	0	0	0	0	0	0			¥	4	8	0	0	0	0	0	0

附件　张

财务主管：王辉　　记账：于娜　　出纳：张花　　审核：陈冠宇　　制单：赵琪

记　账　凭　证

2013年12月21日　　　　　　　　记字第44号

摘　要	总账科目	明细科目	过账	借方金额										过账	贷方金额								
				千	百	十	万	千	百	十	元	角	分		千	百	十	万	千	百	十	元	角	分
分配制造费用	生产成本	A产品	√				4	1	2	5	0	0	0											
	生产成本	B产品	√				2	4	7	5	0	0	0											
	制造费用													√				6	6	0	0	0	0	0
合　计						¥	6	6	0	0	0	0	0				¥	6	6	0	0	0	0	0

附件　张

财务主管：王辉　　记账：于娜　　出纳：张花　　审核：陈冠宇　　制单：赵琪

记　账　凭　证

2013年12月21日　　　　　　　　记字第45号

摘　要	总账科目	明细科目	过账	借方金额										过账	贷方金额								
				千	百	十	万	千	百	十	元	角	分		千	百	十	万	千	百	十	元	角	分
产品完工入库	库存商品	A产品	√			2	0	0	0	0	0	0	0											
	库存商品	B产品	√			1	4	4	0	0	0	0	0											
	生产成本	A产品												√			2	0	0	0	0	0	0	0
	生产成本	B产品												√			1	4	4	0	0	0	0	0
合　计					¥	3	4	4	0	0	0	0	0			¥	3	4	4	0	0	0	0	0

附件　张

财务主管：王辉　　记账：于娜　　出纳：张花　　审核：陈冠宇　　制单：赵琪

记 账 凭 证

2013 年 12 月 21 日　　　　　　　　记字第 46 号

摘要	总账科目	明细科目	过账	借方金额										过账	贷方金额								
				千	百	十	万	千	百	十	元	角	分		千	百	十	万	千	百	十	元	角	分
结转商品成本	主营业务成本		√				3	6	2	0	0	0	0											
	库存商品	A 产品												√				2	0	0	0	0	0	0
	库存商品	B 产品												√				1	6	2	0	0	0	0
合计						¥	3	6	2	0	0	0	0				¥	3	6	2	0	0	0	0

附件 张

财务主管：王辉　　记账：于娜　　出纳：张花　　审核：陈冠宇　　制单：赵琪

记 账 凭 证

2013 年 12 月 21 日　　　　　　　　记字第 47 号

摘要	总账科目	明细科目	过账	借方金额										过账	贷方金额								
				千	百	十	万	千	百	十	元	角	分		千	百	十	万	千	百	十	元	角	分
汇总职工薪酬	生产成本		√				8	0	0	0	0	0	0											
	制造费用		√				2	3	0	0	0	0	0											
	管理费用		√				3	0	0	0	0	0	0											
	应付职工薪酬													√			1	3	3	0	0	0	0	0
合计					¥	1	3	3	0	0	0	0	0			¥	1	3	3	0	0	0	0	0

附件 张

财务主管：王辉　　记账：于娜　　出纳：张花　　审核：陈冠宇　　制单：赵琪

记 账 凭 证

2013 年 12 月 22 日　　　　记字第 48 号

摘　要	总账科目	明细科目	过账	借方金额										过账	贷方金额								
				千	百	十	万	千	百	十	元	角	分		千	百	十	万	千	百	十	元	角	分
支付职工薪酬	应付职工薪酬		√			1	3	3	0	0	0	0	0											
	银行存款													√			1	3	1	7	0	0	0	0
	应交税费	应交个人所得税												√					1	3	0	0	0	0
合　计					¥	1	3	3	0	0	0	0	0			¥	1	3	3	0	0	0	0	0

附件　张

财务主管：王辉　　记账：于娜　　出纳：张花　　审核：陈冠宇　　制单：赵琪

记 账 凭 证

2013 年 12 月 22 日　　　　记字第 49 号

摘　要	总账科目	明细科目	过账	借方金额										过账	贷方金额								
				千	百	十	万	千	百	十	元	角	分		千	百	十	万	千	百	十	元	角	分
购买办公用品	管理费用	办公费	√						3	0	0	0	0											
	库存现金													√						3	0	0	0	0
合　计								¥	3	0	0	0	0						¥	3	0	0	0	0

附件　张

财务主管：王辉　　记账：于娜　　出纳：张花　　审核：陈冠宇　　制单：赵琪

记 账 凭 证

2013 年 12 月 22 日　　　　　　记字第 50 号

摘要	总账科目	明细科目	过账	借方金额										过账	贷方金额									
				千	百	十	万	千	百	十	元	角	分		千	百	十	万	千	百	十	元	角	分
支付差旅费	管理费用	差旅费	√						9	0	0	0	0											
	库存现金													√						9	0	0	0	0
合计								¥	9	0	0	0	0						¥	9	0	0	0	0

附件　张

财务主管：王辉　　记账：于娜　　出纳：张花　　审核：陈冠宇　　制单：赵琪

记 账 凭 证

2013 年 12 月 22 日　　　　　　记字第 51 号

摘要	总账科目	明细科目	过账	借方金额										过账	贷方金额									
				千	百	十	万	千	百	十	元	角	分		千	百	十	万	千	百	十	元	角	分
计提折旧	管理费用	折旧费	√					2	0	0	0	0	0											
	累计折旧													√					2	0	0	0	0	0
合计							¥	2	0	0	0	0	0					¥	2	0	0	0	0	0

附件　张

财务主管：王辉　　记账：于娜　　出纳：张花　　审核：陈冠宇　　制单：赵琪

记　账　凭　证

2013 年 12 月 23 日　　　　记字第 52 号

摘　要	总账科目	明细科目	过账	借方金额										过账	贷方金额								
				千	百	十	万	千	百	十	元	角	分		千	百	十	万	千	百	十	元	角	分
销售 A 商品	银行存款		√			4	0	9	5	0	0	0	0											
	主营业务收入													√			3	5	0	0	0	0	0	0
	应交税费	应交增值税（销项税额）												√				5	9	5	0	0	0	0
合　　计					¥	4	0	9	5	0	0	0	0			¥	4	0	9	5	0	0	0	0

附件　张

财务主管：王辉　　记账：于娜　　出纳：张花　　审核：陈冠宇　　制单：赵琪

记　账　凭　证

2013 年 12 月 23 日　　　　记字第 53 号

摘　要	总账科目	明细科目	过账	借方金额										过账	贷方金额								
				千	百	十	万	千	百	十	元	角	分		千	百	十	万	千	百	十	元	角	分
销售 B 商品	应收账款	A 企业	√			3	5	1	0	0	0	0	0											
	主营业务收入													√			3	0	0	0	0	0	0	0
	应交税费	应交增值税（销项税额）												√				5	1	0	0	0	0	0
合　　计					¥	3	5	1	0	0	0	0	0			¥	3	5	1	0	0	0	0	0

附件　张

财务主管：王辉　　记账：于娜　　出纳：张花　　审核：陈冠宇　　制单：赵琪

记 账 凭 证

2013 年 12 月 23 日　　　　记字第 54 号

摘要	总账科目	明细科目	过账	借方金额										过账	贷方金额									
				千	百	十	万	千	百	十	元	角	分		千	百	十	万	千	百	十	元	角	分
结转销售 A 商品成本	主营业务成本		√			2	0	0	0	0	0	0	0											
	库存商品	A 商品												√			2	0	0	0	0	0	0	0
合　计					¥	2	0	0	0	0	0	0	0			¥	2	0	0	0	0	0	0	0

附件　张

财务主管：王辉　　记账：于娜　　出纳：张花　　审核：陈冠宇　　制单：赵琪

记 账 凭 证

2013 年 12 月 23 日　　　　记字第 55 号

摘要	总账科目	明细科目	过账	借方金额										过账	贷方金额									
				千	百	十	万	千	百	十	元	角	分		千	百	十	万	千	百	十	元	角	分
结转销售 B 商品成本	主营业务成本		√			1	0	8	0	0	0	0	0											
	库存商品	B 商品												√			1	0	8	0	0	0	0	0
合　计					¥	1	0	8	0	0	0	0	0			¥	1	0	8	0	0	0	0	0

附件　张

财务主管：王辉　　记账：于娜　　出纳：张花　　审核：陈冠宇　　制单：赵琪

记　账　凭　证

2013 年 12 月 24 日　　　　　　　　记字第 56 号

摘　要	总账科目	明细科目	过账	借方金额										过账	贷方金额								
				千	百	十	万	千	百	十	元	角	分		千	百	十	万	千	百	十	元	角	分
计提城建税	营业税金及附加		√					2	4	8	5	0	0										
	应交税费	应交城市维护建设税												√					2	4	8	5	0	0
合　计							¥	2	4	8	5	0	0					¥	2	4	8	5	0	0

附件　张

财务主管：王辉　　记账：于娜　　出纳：张花　　审核：陈冠宇　　制单：赵琪

记　账　凭　证

2013 年 12 月 24 日　　　　　　　　记字第 57 号

摘　要	总账科目	明细科目	过账	借方金额										过账	贷方金额								
				千	百	十	万	千	百	十	元	角	分		千	百	十	万	千	百	十	元	角	分
计提教育费附加	营业税金及附加		√					1	0	6	5	0	0										
	应交税费	应交教育费附加												√					1	0	6	5	0	0
合　计							¥	1	0	6	5	0	0					¥	1	0	6	5	0	0

附件　张

财务主管：王辉　　记账：于娜　　出纳：张花　　审核：陈冠宇　　制单：赵琪

记 账 凭 证

2013 年 12 月 24 日　　　　记字第 58 号

摘要	总账科目	明细科目	过账	借方金额										过账	贷方金额									
				千	百	十	万	千	百	十	元	角	分		千	百	十	万	千	百	十	元	角	分
销售原材料	银行存款		√				2	3	4	0	0	0	0											
	其他业务收入													√				2	0	0	0	0	0	0
	应交税费	应交增值税（销项税额）												√					3	4	0	0	0	0
合　计						¥	2	3	4	0	0	0	0				¥	2	3	4	0	0	0	0

附件　张

财务主管：王辉　　记账：于娜　　出纳：张花　　审核：陈冠宇　　制单：赵琪

记 账 凭 证

2013 年 12 月 24 日　　　　记字第 59 号

摘要	总账科目	明细科目	过账	借方金额										过账	贷方金额									
				千	百	十	万	千	百	十	元	角	分		千	百	十	万	千	百	十	元	角	分
结转销售材料成本	其他业务成本		√				1	2	0	0	0	0	0											
	原材料													√				1	2	0	0	0	0	0
合　计						¥	1	2	0	0	0	0	0				¥	1	2	0	0	0	0	0

附件　张

财务主管：王辉　　记账：于娜　　出纳：张花　　审核：陈冠宇　　制单：赵琪

记　账　凭　证

2013 年 12 月 25 日　　　　　　　　记字第 60 号

摘　要	总账科目	明细科目	过账	借方金额										过账	贷方金额									
				千	百	十	万	千	百	十	元	角	分		千	百	十	万	千	百	十	元	角	分
支付销售机构费用	销售费用	办公费	√						6	0	0	0	0											
	销售费用	差旅费	√						7	0	0	0	0											
	销售费用	职工薪酬	√					9	2	0	0	0	0											
	销售费用	折旧费	√					2	0	0	0	0	0											
	库存现金													√					1	3	0	0	0	0
	应付职工薪酬													√					9	2	0	0	0	0
	累计折旧													√					2	0	0	0	0	0
合　　计						¥	1	2	5	0	0	0	0				¥	1	2	5	0	0	0	0

附件　张

财务主管：王辉　　记账：于娜　　出纳：张花　　审核：陈冠宇　　制单：赵琪

记　账　凭　证

2013 年 12 月 26 日　　　　　　　　记字第 61－½号

摘　要	总账科目	明细科目	过账	借方金额										过账	贷方金额									
				千	百	十	万	千	百	十	元	角	分		千	百	十	万	千	百	十	元	角	分
销售商品	应收票据		√				3	5	1	0	0	0	0											
	主营业务收入													√				3	0	0	0	0	0	0
	应交税费	应交增值税（销项税额）												√					5	1	0	0	0	0
合　　计						¥	3	5	1	0	0	0	0				¥	3	5	1	0	0	0	0

附件　张

财务主管：王辉　　记账：于娜　　出纳：张花　　审核：陈冠宇　　制单：赵琪

记　账　凭　证

2013 年 12 月 26 日　　　　　　记字第 61 − ⅔号

摘　要	总账科目	明细科目	过账	借方金额										过账	贷方金额									
				千	百	十	万	千	百	十	元	角	分		千	百	十	万	千	百	十	元	角	分
结转销售成本	主营业务成本		√				1	0	8	0	0	0	0											
	库存商品	B 商品												√				1	0	8	0	0	0	0
合　计						¥	1	0	8	0	0	0	0				¥	1	0	8	0	0	0	0

附件　张

财务主管：王辉　　记账：于娜　　出纳：张花　　审核：陈冠宇　　制单：赵琪

记　账　凭　证

2013 年 12 月 26 日　　　　　　记字第 62 号

摘　要	总账科目	明细科目	过账	借方金额										过账	贷方金额									
				千	百	十	万	千	百	十	元	角	分		千	百	十	万	千	百	十	元	角	分
票据到期	银行存款		√			3	5	9	7	7	5	0	0											
	应收票据													√			3	5	1	0	0	0	0	0
	财务费用													√					8	7	7	5	0	0
合　计					¥	3	5	9	7	7	5	0	0			¥	3	5	9	7	7	5	0	0

附件　张

财务主管：王辉　　记账：于娜　　出纳：张花　　审核：陈冠宇　　制单：赵琪

记　账　凭　证

2013 年 12 月 26 日　　　　　　记字第 63 号

摘　要	总账科目	明细科目	过账	借方金额										过账	贷方金额								
				千	百	十	万	千	百	十	元	角	分		千	百	十	万	千	百	十	元	角	分
购买机床	固定资产	机床	√				3	0	0	0	0	0	0											
	应交税费	应交增值税（进项税额）	√					5	1	0	0	0	0											
	应收票据													√				3	0	0	0	0	0	0
	银行存款													√					5	1	0	0	0	0
合　计						¥	3	5	1	0	0	0	0				¥	3	5	1	0	0	0	0

附件　张

财务主管：王辉　　记账：于娜　　出纳：张花　　审核：陈冠宇　　制单：赵琪

记　账　凭　证

2013 年 12 月 27 日　　　　　　记字第 64－½号

摘　要	总账科目	明细科目	过账	借方金额										过账	贷方金额								
				千	百	十	万	千	百	十	元	角	分		千	百	十	万	千	百	十	元	角	分
销售商品	应收账款	太平洋公司	√				3	6	0	0	0	0	0											
	主营业务收入													√				3	0	0	0	0	0	0
	应交税费	应交增值税（销项税额）												√					5	1	0	0	0	0
	银行存款													√						9	0	0	0	0
合　计						¥	3	6	0	0	0	0	0				¥	3	6	0	0	0	0	0

附件　张

财务主管：王辉　　记账：于娜　　出纳：张花　　审核：陈冠宇　　制单：赵琪

记 账 凭 证

2013 年 12 月 27 日　　　　记字第 64 – 2/2 号

摘 要	总账科目	明细科目	过账	借方金额										过账	贷方金额									
				千	百	十	万	千	百	十	元	角	分		千	百	十	万	千	百	十	元	角	分
结转销售成本	主营业务成本		√				1	0	8	0	0	0	0											
	库存商品	B 商品												√				1	0	8	0	0	0	0
合 计						¥	1	0	8	0	0	0	0				¥	1	0	8	0	0	0	0

附件　张

财务主管：王辉　　记账：于娜　　出纳：张花　　审核：陈冠宇　　制单：赵琪

记 账 凭 证

2013 年 12 月 27 日　　　　记字第 65 – 1/2 号

摘 要	总账科目	明细科目	过账	借方金额										过账	贷方金额									
				千	百	十	万	千	百	十	元	角	分		千	百	十	万	千	百	十	元	角	分
销售商品	应收账款	甲公司	√				3	1	5	9	0	0	0											
	主营业务收入													√				2	7	0	0	0	0	0
	应交税费	应交增值税（销项税额）												√					4	5	9	0	0	0
合 计						¥	3	1	5	9	0	0	0				¥	3	1	5	9	0	0	0

附件　张

财务主管：王辉　　记账：于娜　　出纳：张花　　审核：陈冠宇　　制单：赵琪

记 账 凭 证

2013 年 12 月 27 日 记字第 65 - ⅔号

摘要	总账科目	明细科目	过账	借方金额										过账	贷方金额									
				千	百	十	万	千	百	十	元	角	分		千	百	十	万	千	百	十	元	角	分
结转销售成本	主营业务成本		√				1	0	8	0	0	0	0											
	库存商品	B 商品												√				1	0	8	0	0	0	0
合计						¥	1	0	8	0	0	0	0				¥	1	0	8	0	0	0	0

附件 张

财务主管：王辉 记账：于娜 出纳：张花 审核：陈冠宇 制单：赵琪

记 账 凭 证

2013 年 12 月 27 日 记字第 66 号

摘要	总账科目	明细科目	过账	借方金额										过账	贷方金额									
				千	百	十	万	千	百	十	元	角	分		千	百	十	万	千	百	十	元	角	分
收到货款	银行存款		√			3	4	5	0	0	0	0	0											
	财务费用		√					6	0	0	0	0	0											
	应收账款													√			3	5	1	0	0	0	0	0
合计					¥	3	5	1	0	0	0	0	0			¥	3	5	1	0	0	0	0	0

附件 张

财务主管：王辉 记账：于娜 出纳：张花 审核：陈冠宇 制单：赵琪

记　账　凭　证

2013 年 12 月 28 日　　　　　　　　记字第 67 号

摘　要	总账科目	明细科目	过账	借方金额										过账	贷方金额								
				千	百	十	万	千	百	十	元	角	分		千	百	十	万	千	百	十	元	角	分
发生坏账损失	坏账准备		√				5	0	0	0	0	0	0											
	应收账款													√				5	0	0	0	0	0	0
合　计						¥	5	0	0	0	0	0	0				¥	5	0	0	0	0	0	0

附件　张

财务主管：王辉　　记账：于娜　　出纳：张花　　审核：陈冠宇　　制单：赵琪

记　账　凭　证

2013 年 12 月 28 日　　　　　　　　记字第 68 号

摘　要	总账科目	明细科目	过账	借方金额										过账	贷方金额								
				千	百	十	万	千	百	十	元	角	分		千	百	十	万	千	百	十	元	角	分
张勇借差旅费	其他应收款	张勇	√					1	0	0	0	0	0											
	库存现金													√					1	0	0	0	0	0
合　计							¥	1	0	0	0	0	0					¥	1	0	0	0	0	0

附件　张

财务主管：王辉　　记账：于娜　　出纳：张花　　审核：陈冠宇　　制单：赵琪

记 账 凭 证

2013 年 12 月 29 日　　　　　　　　记字第 69 号

摘　要	总账科目	明细科目	过账	借方金额										过账	贷方金额									
				千	百	十	万	千	百	十	元	角	分		千	百	十	万	千	百	十	元	角	分
张勇报销差旅费	销售费用		√						9	3	0	0	0											
	库存现金		√							7	0	0	0											
	其他应收款	张勇												√					1	0	0	0	0	0
合　　计							¥	1	0	0	0	0	0					¥	1	0	0	0	0	0

附件　张

财务主管：王辉　　记账：于娜　　出纳：张花　　审核：陈冠宇　　制单：赵琪

记 账 凭 证

2013 年 12 月 29 日　　　　　　　　记字第 70 号

摘　要	总账科目	明细科目	过账	借方金额										过账	贷方金额									
				千	百	十	万	千	百	十	元	角	分		千	百	十	万	千	百	十	元	角	分
收到设备押金	银行存款		√					2	0	0	0	0	0											
	其他应付款	甲公司												√					2	0	0	0	0	0
合　　计							¥	2	0	0	0	0	0					¥	2	0	0	0	0	0

附件　张

财务主管：王辉　　记账：于娜　　出纳：张花　　审核：陈冠宇　　制单：赵琪

记　账　凭　证

2013 年 12 月 29 日　　　　记字第 71 号

摘　要	总账科目	明细科目	过账	借方金额										过账	贷方金额									
				千	百	十	万	千	百	十	元	角	分		千	百	十	万	千	百	十	元	角	分
收到违约金	银行存款		√					5	0	0	0	0	0											
	营业外收入													√					5	0	0	0	0	0
合　计							¥	5	0	0	0	0	0					¥	5	0	0	0	0	0

附件　张

财务主管：王辉　　记账：于娜　　出纳：张花　　审核：陈冠宇　　制单：赵琪

记　账　凭　证

2013 年 12 月 29 日　　　　记字第 72 − ½号

摘　要	总账科目	明细科目	过账	借方金额										过账	贷方金额									
				千	百	十	万	千	百	十	元	角	分		千	百	十	万	千	百	十	元	角	分
盘亏设备	待处理财产损溢	待处理固定资产损溢	√				1	4	0	0	0	0	0											
	累计折旧		√				1	6	0	0	0	0	0											
	固定资产													√				3	0	0	0	0	0	0
合　计						¥	3	0	0	0	0	0	0				¥	3	0	0	0	0	0	0

附件　张

财务主管：王辉　　记账：于娜　　出纳：张花　　审核：陈冠宇　　制单：赵琪

记 账 凭 证

2013 年 12 月 29 日　　　　　　记字第 72 – 2/2 号

摘 要	总账科目	明细科目	过账	借方金额										过账	贷方金额									
				千	百	十	万	千	百	十	元	角	分		千	百	十	万	千	百	十	元	角	分
报批处理	营业外支出	固定资产盘亏	√				1	4	0	0	0	0	0											
	待处理财产损溢	待处理固定资产损溢												√				1	4	0	0	0	0	0
合 计						¥	1	4	0	0	0	0	0				¥	1	4	0	0	0	0	0

附件 张

财务主管：王辉　　记账：于娜　　出纳：张花　　审核：陈冠宇　　制单：赵琪

记 账 凭 证

2013 年 12 月 31 日　　　　　　记字第 73 号

摘 要	总账科目	明细科目	过账	借方金额										过账	贷方金额									
				千	百	十	万	千	百	十	元	角	分		千	百	十	万	千	百	十	元	角	分
结转收入	主营业务收入		√			8	0	2	0	0	0	0	0											
	其他业务收入		√				2	0	0	0	0	0	0											
	营业外收入		√			3	1	2	5	0	0	0	0											
	本年利润													√		1	1	3	4	5	0	0	0	0
合 计				¥	1	1	3	4	5	0	0	0	0		¥	1	1	3	4	5	0	0	0	0

附件 张

财务主管：王辉　　记账：于娜　　出纳：张花　　审核：陈冠宇　　制单：赵琪

记 账 凭 证

2013 年 12 月 31 日　　　　记字第 74 号

摘　要	总账科目	明细科目	过账	借方金额 千	百	十	万	千	百	十	元	角	分	过账	贷方金额 千	百	十	万	千	百	十	元	角	分
结转成本费用	本年利润		√			5	5	0	5	3	4	2	5											
	主营业务成本													√			3	7	6	6	0	0	0	0
	营业税金及附加													√					6	5	5	0	0	0
	其他业务成本													√				1	2	0	0	0	0	0
	营业外支出													√				5	1	0	0	0	0	0
	管理费用													√				7	2	2	0	0	0	0
	销售费用													√				3	0	4	3	0	0	0
	财务费用													√					1	7	5	4	2	5
合　计					¥	5	5	0	5	3	4	2	5			¥	5	5	0	5	3	4	2	5

附件　张

财务主管：王辉　　记账：于娜　　出纳：张花　　审核：陈冠宇　　制单：赵琪

记 账 凭 证

2013 年 12 月 31 日　　　　记字第 75 号

摘　要	总账科目	明细科目	过账	借方金额 千	百	十	万	千	百	十	元	角	分	过账	贷方金额 千	百	十	万	千	百	十	元	角	分
计提本月所得税	所得税费用		√			1	4	5	9	9	1	4	4											
	应交税费	应交所得税												√			1	4	5	9	9	1	4	4
合　计					¥	1	4	5	9	9	1	4	4			¥	1	4	5	9	9	1	4	4

附件　张

财务主管：王辉　　记账：于娜　　出纳：张花　　审核：陈冠宇　　制单：赵琪

记 账 凭 证

2013 年 12 月 31 日　　　　记字第 76 号

摘要	总账科目	明细科目	过账	借方金额										过账	贷方金额									
				千	百	十	万	千	百	十	元	角	分		千	百	十	万	千	百	十	元	角	分
将所得税转入本年利润	本年利润		√			1	4	5	9	9	1	4	4											
	所得税费用													√			1	4	5	9	9	1	4	4
合　计					¥	1	4	5	9	9	1	4	4			¥	1	4	5	9	9	1	4	4

附件　张

财务主管：王辉　　记账：于娜　　出纳：张花　　审核：陈冠宇　　制单：赵琪

记 账 凭 证

2013 年 12 月 31 日　　　　记字第 77 号

摘要	总账科目	明细科目	过账	借方金额										过账	贷方金额									
				千	百	十	万	千	百	十	元	角	分		千	百	十	万	千	百	十	元	角	分
提取盈余公积	利润分配	提取法定盈余公积	√				4	3	7	9	7	4	3											
	盈余公积	法定盈余公积												√				4	3	7	9	7	4	3
合　计						¥	4	3	7	9	7	4	3				¥	4	3	7	9	7	4	3

附件　张

财务主管：王辉　　记账：于娜　　出纳：张花　　审核：陈冠宇　　制单：赵琪

记　账　凭　证

2013 年 12 月 31 日　　　　　　记字第 78 号

摘　要	总账科目	明细科目	过	借方金额										过	贷方金额								
			账	千	百	十	万	千	百	十	元	角	分	账	千	百	十	万	千	百	十	元	角	分
结转净利润	本年利润		√			4	3	7	9	7	4	3	1											
	利润分配	未分配利润												√			4	3	7	9	7	4	3	1
合　　计					¥	4	3	7	9	7	4	3	1			¥	4	3	7	9	7	4	3	1

附件　张

财务主管：王辉　　记账：于娜　　出纳：张花　　审核：陈冠宇　　制单：赵琪

记　账　凭　证

2013 年 12 月 31 日　　　　　　记字第 79 号

摘　要	总账科目	明细科目	过	借方金额										过	贷方金额								
			账	千	百	十	万	千	百	十	元	角	分	账	千	百	十	万	千	百	十	元	角	分
结转利润分配	利润分配	未分配利润	√				4	3	7	9	7	4	3											
	利润分配	提取法定盈余公积												√				4	3	7	9	7	4	3
合　　计						¥	4	3	7	9	7	4	3				¥	4	3	7	9	7	4	3

附件　张

财务主管：王辉　　记账：于娜　　出纳：张花　　审核：陈冠宇　　制单：赵琪

第二节　登记明细分类账

现　金　日　记　账

2013年		凭证编号	摘　要	对方科目	借　方										贷　方										借或贷	余　额									
月	日				千	百	十	万	千	百	十	元	角	分	千	百	十	万	千	百	十	元	角	分		千	百	十	万	千	百	十	元	角	分
			期初余额																						借				3	5	0	0	0	0	0
12	1	1	存现																5	1	0	0	0	0											
12	1	2	预借差旅费																2	0	0	0	0	0											
12	2	3－1/2	现金短缺																	2	0	0	0	0											
12	3	4	报销差旅费							5	0	0	0	0																					
12	22	49	购买办公用品																	3	0	0	0	0											
12	22	50	支付差旅费																	9	0	0	0	0											
12	25	60	支付销售机构费用																1	3	0	0	0	0											
12	28	68	张勇借差旅费																1	0	0	0	0	0											
12	29	69	张勇报销差旅费								7	0	0	0																					
			本月合计							5	7	0	0	0				1	0	8	0	0	0	0	借				2	4	7	7	0	0	0

银行存款日记账

2013年		凭证编号	摘要	对方科目	借方										贷方										借或贷	余额									
月	日				千	百	十	万	千	百	十	元	角	分	千	百	十	万	千	百	十	元	角	分		千	百	十	万	千	百	十	元	角	分
			期初余额																						借		3	5	2	0	0	0	0	0	0
12	1	1	存现						5	1	0	0	0	0																					
12	3	5	销售商品					4	0	9	5	0	0	0																					
12	3	6	购入材料																2	3	4	0	0	0											
12	3	7	开设采购账户														3	0	0	0	0	0	0	0											
12	4	9	收到剩余采购款						7	5	0	0	0	0																					
12	5	10	办理银行汇票															1	0	0	0	0	0	0											
12	5	12	采购完毕退回的余额							6	4	0	0	0																					
12	6	13	办理信用卡															4	0	0	0	0	0	0											
12	6	15	存入信用证保证金存款															5	0	0	0	0	0	0											
12	6	16	存出投资款														5	0	0	0	0	0	0	0											
12	6	17	接受现金投资				5	0	0	0	0	0	0	0																					
12	7	19	取得短期借款				2	0	0	0	0	0	0	0																					
12	7	20	支付借款利息																1	5	0	0	0	0											

（续表）

2013年		凭证编号	摘　要	对方科目	借　方										贷　方										借或贷	余　额									
月	日				千	百	十	万	千	百	十	元	角	分	千	百	十	万	千	百	十	元	角	分		千	百	十	万	千	百	十	元	角	分
12	7	21	归还短期借款															8	0	0	0	0	0	0											
12	8	22	支付手续费																3	0	0	0	0	0											
12	8	23–1/3	购入设备														2	3	4	0	0	0	0	0											
12	8	23 2/3	支付安装费																8	0	0	0	0	0											
12	11	25–2/4	收回残料价款					2	0	0	0	0	0	0																					
12	11	25–3/4	支付清理费																2	0	0	0	0	0											
12	14	27	采购材料														3	5	2	5	0	0	0	0											
12	15	29	预付材料款														3	1	0	0	0	0	0	0											
12	16	30	材料验收入库															4	1	0	0	0	0	0											
12	16	31	购入材料														2	3	4	0	0	0	0	0											
12	19	34–2/2	支付汇票手续费																		2	9	2	5											
12	19	36	偿还A企业贷款														2	0	0	0	0	0	0	0											
12	19	37	购入原材料														1	1	8	0	0	0	0	0											
12	20	39–2/4	收到价款				6	5	0	0	0	0	0	0																					

（续表）

2013年 月	日	凭证编号	摘要	对方科目	借方（千百十万千百十元角分）	贷方（千百十万千百十元角分）	借或贷	余额（千百十万千百十元角分）
12	20	39–3/4	支付清理费			1000000		
12	20	40	上交城建税、教育费附加			100000		
12	20	42–1/2	发放工资			4920000		
12	20	42–2/2	缴纳个人所得税			80000		
12	22	48	支付职工薪酬			13170000		
12	23	52	销售A商品		40950000			
12	24	58	销售原材料		2340000			
12	26	62	票据到期		35977500			
12	26	63	购买机床			510000		
12	27	64–1/2	销售商品			90000		
12	27	66	收到货款		34500000			
12	29	70	收到设备押金		200000			
12	29	71	收到违约金		500000			
			本月合计		256886500	268506925	借	340379575

明细分类账

总账科目 其他货币资金

明细科目

2013年		记账凭证号数	摘要	页数	借方												贷方												借或贷	余额											
月	日				十	亿	千	百	十	万	千	百	十	元	角	分	十	亿	千	百	十	万	千	百	十	元	角	分		十	亿	千	百	十	万	千	百	十	元	角	分
12	3	7	开设采购账户						3	0	0	0	0	0	0	0																									
12	4	8	采购材料																		2	9	2	5	0	0	0	0													
12	4	9	收到剩余采购款																				7	5	0	0	0	0													
12	5	10	办理银行汇票							1	0	0	0	0	0	0																									
12	5	11	采购商品																				9	3	6	0	0	0													
12	5	12	采购完毕退回多余款																					6	4	0	0	0													
12	6	13	办理信用卡							4	0	0	0	0	0	0																									
12	6	14	支付招待费																				1	0	0	0	0	0													
12	6	15	存入信用证保证金							5	0	0	0	0	0	0																									
12	6	16	存出投资款						5	0	0	0	0	0	0	0																									
			本月合计						9	0	0	0	0	0	0	0					3	1	1	0	0	0	0	0	借					5	8	9	0	0	0	0	0

明细分类账

总账科目 应收票据

明细科目

2013年		记账凭证号数	摘要	页数	借方												贷方												借或贷	余额											
月	日				十	亿	千	百	十	万	千	百	十	元	角	分	十	亿	千	百	十	万	千	百	十	元	角	分		十	亿	千	百	十	万	千	百	十	元	角	分
			期初余额																										借					4	0	0	0	0	0	0	0
12	26	61－1/2	销售商品							3	5	1	0	0	0	0																									
12	26	62	票据到期																		3	5	1	0	0	0	0	0													
12	26	63	购买机床																			3	0	0	0	0	0	0													
			本月合计							3	5	1	0	0	0	0					3	8	1	0	0	0	0	0	借						5	4	1	0	0	0	0

明细分类账

总账科目 应收账款

明细科目

2013年		记账凭证号数	摘要	页数	借方												贷方												借或贷	余额											
月	日				十	亿	千	百	十	万	千	百	十	元	角	分	十	亿	千	百	十	万	千	百	十	元	角	分		十	亿	千	百	十	万	千	百	十	元	角	分
			期初余额																										借					8	8	0	0	0	0	0	0
12	19	38－1/2	销售应税消费品							3	5	1	0	0	0	0																									
12	23	53	销售 B 商品						3	5	1	0	0	0	0	0																									
12	27	64－1/2	销售商品							3	6	0	0	0	0	0																									
12	27	65－1/2	销售商品							3	1	5	9	0	0	0																									
12	27	66	收到货款																		3	5	1	0	0	0	0	0													
12	28	67	发生坏账损失																			5	0	0	0	0	0	0													
			本月合计						4	5	3	6	9	0	0	0					4	0	1	0	0	0	0	0	借					9	3	2	6	9	0	0	0

明细分类账

总账科目 坏账准备

明细科目

2013年		记账凭证号数	摘要	页数	借方												贷方												借或贷	余额											
月	日				十	亿	千	百	十	万	千	百	十	元	角	分	十	亿	千	百	十	万	千	百	十	元	角	分		十	亿	千	百	十	万	千	百	十	元	角	分
			期初余额																										贷						8	8	0	0	0	0	0
12	28	67	发生坏账损失							5	0	0	0	0	0	0																									
			本月合计							5	0	0	0	0	0	0													贷						3	8	0	0	0	0	0

明细分类账

总账科目 预付账款

明细科目

2013年		记账凭证号数	摘要	页数	借方												贷方												借或贷	余额											
月	日				十	亿	千	百	十	万	千	百	十	元	角	分	十	亿	千	百	十	万	千	百	十	元	角	分		十	亿	千	百	十	万	千	百	十	元	角	分
12	15	29	预付材料款						3	1	0	0	0	0	0	0																									
12	16	30	材料验收入库																		3	1	0	0	0	0	0	0													
			本月合计						3	1	0	0	0	0	0	0					3	1	0	0	0	0	0	0	平										0		

明细分类账

总账科目 其他应收款

明细科目

2013年		记账凭证号数	摘要	页数	借方												贷方												借或贷	余额											
月	日				十	亿	千	百	十	万	千	百	十	元	角	分	十	亿	千	百	十	万	千	百	十	元	角	分		十	亿	千	百	十	万	千	百	十	元	角	分
12	1	2	预借差旅费								2	0	0	0	0	0																									
12	3	3－2/2	张花赔偿短缺款									2	0	0	0	0																									
12	3	4	报销差旅费																				2	0	0	0	0	0													
12	18	33	运输部门赔偿短缺材料							1	1	7	0	0	0	0																									
12	28	68	张勇借差旅费								1	0	0	0	0	0																									
12	29	69	张勇报销差旅费																				1	0	0	0	0	0													
			本月合计							1	4	9	0	0	0	0							3	0	0	0	0	0	借						1	1	9	0	0	0	0

明细分类账

总账科目 原材料

明细科目

2013年 月	日	记账凭证号数	摘要	页数	借方（十亿千百十万千百十元角分）	贷方（十亿千百十万千百十元角分）	借或贷	余额（十亿千百十万千百十元角分）
			期初余额				借	75000000
12	3	6	购入原材料		2000000			
12	4	8	采购材料		25000000			
12	15	28	材料验收入库		30150000			
12	16	30	材料验收入库		30000000			
12	17	32	材料入库，出现短缺		19000000			
12	19	34－1/2	购入材料		5000000			
12	19	35	购入材料		20000000			
12	19	37	购入材料		10093000			
12	21	43	生产领用材料			48000000		
12	24	59	结转销售材料成本			1200000		
			本月合计		139443000	49200000	借	165243000

明细分类账

总账科目 在途物资

明细科目

2013年		记账凭证号数	摘要	页数	借方												贷方												借或贷	余额											
月	日				十	亿	千	百	十	万	千	百	十	元	角	分	十	亿	千	百	十	万	千	百	十	元	角	分		十	亿	千	百	十	万	千	百	十	元	角	分
12	14	27	采购材料						3	0	1	5	0	0	0	0																									
12	15	28	材料验收入库																		3	0	1	5	0	0	0	0													
12	16	31	购入材料						2	0	0	0	0	0	0	0																									
12	17	32	材料入库，出现短缺																		2	0	0	0	0	0	0	0													
			本月合计						5	0	1	5	0	0	0	0					5	0	1	5	0	0	0	0	平										0		

明细分类账

总账科目 库存商品

明细科目

2013年		记账凭证号数	摘要	页数	借方												贷方												借或贷	余额											
月	日				十	亿	千	百	十	万	千	百	十	元	角	分	十	亿	千	百	十	万	千	百	十	元	角	分		十	亿	千	百	十	万	千	百	十	元	角	分
			期初余额																										借					6	0	8	0	0	0	0	0
12	5	11	采购商品								8	0	0	0	0	0																									
12	21	45	产品完工入库						3	4	4	0	0	0	0	0																									
12	21	46	结转产品成本																			3	6	2	0	0	0	0													
12	23	54	结转 A 商品成本																		2	0	0	0	0	0	0	0													
12	23	55	结转 B 商品成本																		1	0	8	0	0	0	0	0													
12	26	61 - 2/2	结转销售成本																			1	0	8	0	0	0	0													
12	27	64 - 2/2	结转销售成本																			1	0	8	0	0	0	0													
12	27	65 - 2/2	结转销售成本																			1	0	8	0	0	0	0													
			本月合计						3	5	2	0	0	0	0	0					3	7	6	6	0	0	0	0	借					5	8	3	4	0	0	0	0

明细分类账

总账科目 生产成本

明细科目

2013年		记账凭证号数	摘要	页数	借方												贷方												借或贷	余额											
月	日				十	亿	千	百	十	万	千	百	十	元	角	分	十	亿	千	百	十	万	千	百	十	元	角	分		十	亿	千	百	十	万	千	百	十	元	角	分
			期初余额																										借					1	3	1	0	0	0	0	0
12	21	43	生产领用材料						4	8	0	0	0	0	0	0																									
12	21	44	分配制造费用							6	6	0	0	0	0	0																									
12	21	45	产品完工入库																		3	4	4	0	0	0	0	0													
12	21	47	汇总职工薪酬							8	0	0	0	0	0	0																									
			本月合计						6	2	6	0	0	0	0	0					3	4	4	0	0	0	0	0	借					4	1	3	0	0	0	0	0

明细分类账

总账科目 固定资产

明细科目

2013年		记账凭证号数	摘要	页数	借方												贷方												借或贷	余额											
月	日				十	亿	千	百	十	万	千	百	十	元	角	分	十	亿	千	百	十	万	千	百	十	元	角	分		十	亿	千	百	十	万	千	百	十	元	角	分
			期初余额																										借				3	0	0	0	0	0	0	0	0
12	8	23－3/3	设备安装完毕						2	0	8	0	0	0	0	0																									
12	11	25－1/4	报废机器设备																		3	0	0	0	0	0	0	0													
12	13	26－1/2	盘亏打印机一台																			1	5	0	0	0	0	0													
12	20	39－1/4	出售仓库																	1	0	0	0	0	0	0	0	0													
12	26	63	购买机床							3	0	0	0	0	0	0																									
12	29	72－1/2	盘亏设备																			3	0	0	0	0	0	0													
			本月合计						2	3	8	0	0	0	0	0				1	3	4	5	0	0	0	0	0	借				1	8	9	3	0	0	0	0	0

明细分类账

总账科目　在建工程

明细科目

2013年		记账凭证号数	摘要	页数	借方												贷方												借或贷	余额											
月	日				十	亿	千	百	十	万	千	百	十	元	角	分	十	亿	千	百	十	万	千	百	十	元	角	分		十	亿	千	百	十	万	千	百	十	元	角	分
12	8	23－1/3	购入设备						2	0	0	0	0	0	0	0																									
12	8	23－2/3	支付安装费								8	0	0	0	0	0																									
12	8	23－3/3	设备安装完毕																		2	0	8	0	0	0	0	0													
			本月合计						2	0	8	0	0	0	0	0					2	0	8	0	0	0	0	0	平										0		

明细分类账

总账科目　累计折旧

明细科目

2013年		记账凭证号数	摘要	页数	借方												贷方												借或贷	余额											
月	日				十	亿	千	百	十	万	千	百	十	元	角	分	十	亿	千	百	十	万	千	百	十	元	角	分		十	亿	千	百	十	万	千	百	十	元	角	分
			期初余额																										贷				1	0	0	9	0	0	0	0	0
12	10	24	计提本月折旧																			8	6	0	0	0	0	0													
12	11	25－1/4	报废机设备						2	5	0	0	0	0	0	0																									
12	13	26－1/2	盘亏打印机							1	0	0	0	0	0	0																									
12	20	39－1/4	出售仓库						7	0	0	0	0	0	0	0																									
12	22	51	计提折旧																				2	0	0	0	0	0													
12	25	60	支付销售机构费用																				2	0	0	0	0	0													
12	29	72－1/2	盘亏设备							1	6	0	0	0	0	0																									
			本月合计						9	7	6	0	0	0	0	0						9	0	0	0	0	0	0	贷					1	2	3	0	0	0	0	0

明细分类账

总账科目 固定资产清理

明细科目

2013年		记账凭证号数	摘要	页数	借方												贷方												借或贷	余额											
月	日				十	亿	千	百	十	万	千	百	十	元	角	分	十	亿	千	百	十	万	千	百	十	元	角	分		十	亿	千	百	十	万	千	百	十	元	角	分
12	11	25－1/4	报废机器设备							5	0	0	0	0	0	0																									
12	11	25－2/4	收回残料价款																			2	0	0	0	0	0	0													
12	11	25－3/4	支付清理费								2	0	0	0	0	0																									
12	11	25－4/4	结转净损益																			3	2	0	0	0	0	0													
12	20	39－1/4	出售仓库						3	0	0	0	0	0	0	0																									
12	20	39－2/4	收到价款																		6	5	0	0	0	0	0	0													
12	20	39－3/4	支付清理费							4	2	5	0	0	0	0																									
12	20	39－4/4	结转仓库实现利得						3	0	7	5	0	0	0	0																									
			本月合计						7	0	2	0	0	0	0	0					7	0	2	0	0	0	0	0	平										0		

明细分类账

总账科目 待处理财产损溢

明细科目

2013年		记账凭证号数	摘要	页数	借方												贷方												借或贷	余额											
月	日				十	亿	千	百	十	万	千	百	十	元	角	分	十	亿	千	百	十	万	千	百	十	元	角	分		十	亿	千	百	十	万	千	百	十	元	角	分
12	2	3-1/2	现金短缺									2	0	0	0	0																									
12	3	3-2/2	张花赔偿短缺款																					2	0	0	0	0													
12	13	26-1/2	盘亏打印机一台								5	0	0	0	0	0																									
12	13	26-2/2	盘亏打印机转销																				5	0	0	0	0	0													
12	17	32	材料入库，出现短缺							1	1	7	0	0	0	0																									
12	18	33	运输部门赔偿短缺材料																			1	1	7	0	0	0	0													
12	29	72-1/2	盘亏设备							1	4	0	0	0	0	0																									
12	29	72-2/2	报批处理																			1	4	0	0	0	0	0													
			本月合计							3	0	9	0	0	0	0						3	0	9	0	0	0	0	平										0		

明细分类账

总账科目 无形资产

明细科目

2013年		记账凭证号数	摘要	页数	借方												贷方												借或贷	余额											
月	日				十	亿	千	百	十	万	千	百	十	元	角	分	十	亿	千	百	十	万	千	百	十	元	角	分		十	亿	千	百	十	万	千	百	十	元	角	分
12	6	18	接受无形资产投资						2	0	0	0	0	0	0	0																									
			本月合计						2	0	0	0	0	0	0	0													借					2	0	0	0	0	0	0	0

明细分类账

总账科目 短期借款

明细科目

2013年		记账凭证号数	摘要	页数	借方												贷方												借或贷	余额											
月	日				十	亿	千	百	十	万	千	百	十	元	角	分	十	亿	千	百	十	万	千	百	十	元	角	分		十	亿	千	百	十	万	千	百	十	元	角	分
			期初余额																										贷				1	2	9	0	0	0	0	0	0
12	7	19	取得短期借款																		2	0	0	0	0	0	0	0													
12	7	21	归还短期借款							8	0	0	0	0	0	0																									
			本月合计							8	0	0	0	0	0	0					2	0	0	0	0	0	0	0	贷				1	4	1	0	0	0	0	0	0

明细分类账

总账科目　应付账款

明细科目

2013年 月	日	记账凭证号数	摘要	页数	借方	贷方	借或贷	余额
			期初余额				贷	100000000
12	19	35	购入材料			23400000		
12	19	36	偿还 A 企业货款		20000000			
			本月合计		20000000	23400000	贷	103400000

明细分类账

总账科目　应付票据

明细科目

2013年 月	日	记账凭证号数	摘要	页数	借方	贷方	借或贷	余额
			期初余额				贷	5500000
12	19	34－1/2	购入材料			5850000		
			本月合计			5850000	贷	11350000

明细分类账

总账科目 应付职工薪酬

明细科目

2013年		记账凭证号数	摘要	页数	借方												贷方												借或贷	余额											
月	日				十	亿	千	百	十	万	千	百	十	元	角	分	十	亿	千	百	十	万	千	百	十	元	角	分		十	亿	千	百	十	万	千	百	十	元	角	分
			期初余额																										贷						7	0	0	0	0	0	0
12	20	42－1/2	发放工资							5	0	0	0	0	0	0																									
12	21	47	汇总职工薪酬																		1	3	3	0	0	0	0	0													
12	22	48	支付职工薪酬						1	3	3	0	0	0	0	0																									
12	25	60	支付销售机构费用																				9	2	0	0	0	0													
			本月合计						1	8	3	0	0	0	0	0					1	4	2	2	0	0	0	0	贷						2	9	2	0	0	0	0

明细分类账

总账科目 应交税费

明细科目 应交增值税（进项税额转出）

2013年		记账凭证号数	摘要	页数	借方												贷方												借或贷	余额											
月	日				十	亿	千	百	十	万	千	百	十	元	角	分	十	亿	千	百	十	万	千	百	十	元	角	分		十	亿	千	百	十	万	千	百	十	元	角	分
12	17	32	转出进项税额																				1	7	0	0	0	0													
			本月合计																				1	7	0	0	0	0	贷							1	7	0	0	0	0

明细分类账

总账科目 应交税费

明细科目 应交增值税（销项税额）

2013年		记账凭证号数	摘要	页数	借方												贷方												借或贷	余额											
月	日				十	亿	千	百	十	万	千	百	十	元	角	分	十	亿	千	百	十	万	千	百	十	元	角	分		十	亿	千	百	十	万	千	百	十	元	角	分
12	3	5	销售商品																				5	9	5	0	0	0													
12	19	38－1/2	销售应税消费品																				5	1	0	0	0	0													
12	23	52	销售 A 商品																			5	9	5	0	0	0	0													
12	23	53	销售 B 商品																			5	1	0	0	0	0	0													
12	24	58	销售原材料																				3	4	0	0	0	0													
12	26	61－1/2	销售商品																				5	1	0	0	0	0													
12	27	64－1/2	销售商品																				5	1	0	0	0	0													
12	27	65－1/2	销售商品																				4	5	9	0	0	0													
			本月合计																		1	3	9	7	4	0	0	0	贷					1	3	9	7	4	0	0	0

明细分类账

总账科目 应交税费

明细科目 应交增值税（进项税额）

2013年		记账凭证号数	摘要	页数	借方												贷方												借或贷	余额											
月	日				十	亿	千	百	十	万	千	百	十	元	角	分	十	亿	千	百	十	万	千	百	十	元	角	分		十	亿	千	百	十	万	千	百	十	元	角	分
12	3	6	购入材料									3	4	0	0	0																									
12	4	8	采购材料							4	2	5	0	0	0	0																									
12	5	11	采购商品								1	3	6	0	0	0																									
12	8	23－1/3	购入设备							3	4	0	0	0	0	0																									
12	14	27	采购材料							5	1	0	0	0	0	0																									
12	16	30	材料验收入库							5	1	0	0	0	0	0																									
12	16	31	购入材料							3	4	0	0	0	0	0																									
12	19	34－1/2	购入材料								8	5	0	0	0	0																									
12	19	35	购入材料							3	4	0	0	0	0	0																									
12	19	37	购入材料							1	7	0	7	0	0	0																									
12	26	63	购买机床								5	1	0	0	0	0																									
			本月合计						2	7	8	8	7	0	0	0													借					2	7	8	8	7	0	0	0

明细分类账

总账科目 应交税费

明细科目 应交营业税

2013年		记账凭证号数	摘要	页数	借方												贷方												借或贷	余额											
月	日				十	亿	千	百	十	万	千	百	十	元	角	分	十	亿	千	百	十	万	千	百	十	元	角	分		十	亿	千	百	十	万	千	百	十	元	角	分
12	20	39－3/4	支付清理费																			3	2	5	0	0	0	0													
			本月合计																			3	2	5	0	0	0	0	贷						3	2	5	0	0	0	0

明细分类账

总账科目　应交税费

明细科目　应交消费税

2013年		记账凭证号数	摘要	页数	借方												贷方												借或贷	余额											
月	日				十	亿	千	百	十	万	千	百	十	元	角	分	十	亿	千	百	十	万	千	百	十	元	角	分		十	亿	千	百	十	万	千	百	十	元	角	分
12	19	38－2/2	计算应交消费税																				3	0	0	0	0	0													
			本月合计																				3	0	0	0	0	0	贷							3	0	0	0	0	0

明细分类账

总账科目　应交税费

明细科目　应交城市维护建设税

2013年		记账凭证号数	摘要	页数	借方												贷方												借或贷	余额											
月	日				十	亿	千	百	十	万	千	百	十	元	角	分	十	亿	千	百	十	万	千	百	十	元	角	分		十	亿	千	百	十	万	千	百	十	元	角	分
			期初余额																										贷								7	0	0	0	0
12	20	40	上交城建税									7	0	0	0	0																									
12	24	56	计提城建税																				2	4	8	5	0	0													
			本月合计									7	0	0	0	0							2	4	8	5	0	0	贷							2	4	8	5	0	0

明细分类账

总账科目 应交税费

明细科目 应交教育费附加

2013年		记账凭证号数	摘要	页数	借方												贷方												借或贷	余额											
月	日				十	亿	千	百	十	万	千	百	十	元	角	分	十	亿	千	百	十	万	千	百	十	元	角	分		十	亿	千	百	十	万	千	百	十	元	角	分
			期初余额																										贷								3	0	0	0	0
12	20	40	上交教育费附加									3	0	0	0	0																									
12	24	57	计提教育费附加																				1	0	6	5	0	0													
			本月合计									3	0	0	0	0							1	0	6	5	0	0	贷							1	0	6	5	0	0

明细分类账

总账科目 应交税费

明细科目 应交房产税

2013年		记账凭证号数	摘要	页数	借方												贷方												借或贷	余额											
月	日				十	亿	千	百	十	万	千	百	十	元	角	分	十	亿	千	百	十	万	千	百	十	元	角	分		十	亿	千	百	十	万	千	百	十	元	角	分
12	20	41	缴纳税费																				3	0	0	0	0	0													
			本月合计																				3	0	0	0	0	0	贷							3	0	0	0	0	0

明细分类账

总账科目 应交税费

明细科目 应交城镇土地使用税

2013年		记账凭证号数	摘要	页数	借方												贷方												借或贷	余额											
月	日				十	亿	千	百	十	万	千	百	十	元	角	分	十	亿	千	百	十	万	千	百	十	元	角	分		十	亿	千	百	十	万	千	百	十	元	角	分
12	20	41	缴纳税费																				2	5	0	0	0	0													
			本月合计																				2	5	0	0	0	0	贷							2	5	0	0	0	0

明细分类账

总账科目 应交税费

明细科目 应交车船税

2013年		记账凭证号数	摘要	页数	借方												贷方												借或贷	余额											
月	日				十	亿	千	百	十	万	千	百	十	元	角	分	十	亿	千	百	十	万	千	百	十	元	角	分		十	亿	千	百	十	万	千	百	十	元	角	分
12	20	41	缴纳税费																				5	0	0	0	0	0													
			本月合计																				5	0	0	0	0	0	贷							5	0	0	0	0	0

明细分类账

总账科目 应交税费

明细科目 应交所得税

2013年		记账凭证号数	摘要	页数	借方												贷方												借或贷	余额											
月	日				十	亿	千	百	十	万	千	百	十	元	角	分	十	亿	千	百	十	万	千	百	十	元	角	分		十	亿	千	百	十	万	千	百	十	元	角	分
12	31	75	计提本月所得税																		1	4	5	9	9	1	4	4													
			本月合计																		1	4	5	9	9	1	4	4	贷					1	4	5	9	9	1	4	4

明细分类账

总账科目 应交税费

明细科目 应交个人所得税

2013年		记账凭证号数	摘要	页数	借方												贷方												借或贷	余额											
月	日				十	亿	千	百	十	万	千	百	十	元	角	分	十	亿	千	百	十	万	千	百	十	元	角	分		十	亿	千	百	十	万	千	百	十	元	角	分
12	20	42－1/2	发放工资																					8	0	0	0	0													
12	20	42－2/2	缴纳个人所得税									8	0	0	0	0																									
12	22	48	支付职工薪酬																				1	3	0	0	0	0													
			本月合计									8	0	0	0	0							2	1	0	0	0	0	贷							1	3	0	0	0	0

明细分类账

总账科目 其他应付款

明细科目

2013年		记账凭证号数	摘要	页数	借方												贷方												借或贷	余额											
月	日				十	亿	千	百	十	万	千	百	十	元	角	分	十	亿	千	百	十	万	千	百	十	元	角	分		十	亿	千	百	十	万	千	百	十	元	角	分
			期初余额																										贷						1	7	0	0	0	0	0
12	29	70	收到设备押金																				2	0	0	0	0	0													
			本月合计																				2	0	0	0	0	0	贷						1	9	0	0	0	0	0

明细分类账

总账科目 实收资本

明细科目

2013年		记账凭证号数	摘要	页数	借方												贷方												借或贷	余额											
月	日				十	亿	千	百	十	万	千	百	十	元	角	分	十	亿	千	百	十	万	千	百	十	元	角	分		十	亿	千	百	十	万	千	百	十	元	角	分
			期初余额																										贷				5	0	0	0	0	0	0	0	0
12	6	17	接受现金投资																		5	0	0	0	0	0	0	0													
12	6	18	接受无形资产投资																		2	0	0	0	0	0	0	0													
			本月合计																		7	0	0	0	0	0	0	0	贷				5	7	0	0	0	0	0	0	0

明细分类账

总账科目　营业税金及附加

明细科目

2013年		记账凭证号数	摘要	页数	借方												贷方												借或贷	余额											
月	日				十	亿	千	百	十	万	千	百	十	元	角	分	十	亿	千	百	十	万	千	百	十	元	角	分		十	亿	千	百	十	万	千	百	十	元	角	分
12	19	38－2/2	计算应交消费税								3	0	0	0	0	0																									
12	24	56	计提城建税								2	4	8	5	0	0																									
12	24	57	计提教育费附加								1	0	6	5	0	0																									
12	31	74	结转成本费用																				6	5	5	0	0	0													
			本月合计								6	5	5	0	0	0							6	5	5	0	0	0	平										0		

明细分类账

总账科目　主营业务收入

明细科目

2013年		记账凭证号数	摘要	页数	借方												贷方												借或贷	余额											
月	日				十	亿	千	百	十	万	千	百	十	元	角	分	十	亿	千	百	十	万	千	百	十	元	角	分		十	亿	千	百	十	万	千	百	十	元	角	分
12	3	5	销售商品																			3	5	0	0	0	0	0													
12	19	38－1/2	销售应税消费品																			3	0	0	0	0	0	0													
12	23	52	销售A商品																		3	5	0	0	0	0	0	0													
12	23	53	销售B商品																		3	0	0	0	0	0	0	0													
12	26	61－1/2	销售商品																			3	0	0	0	0	0	0													
12	27	64－1/2	销售商品																			3	0	0	0	0	0	0													
12	27	65－1/2	销售商品																			2	7	0	0	0	0	0													
12	31	73	结转收入						8	0	2	0	0	0	0	0																									
			本月合计						8	0	2	0	0	0	0	0					8	0	2	0	0	0	0	0	平										0		

明细分类账

总账科目　主营业务成本

明细科目

2013年		记账凭证号数	摘要	页数	借方												贷方												借或贷	余额											
月	日				十	亿	千	百	十	万	千	百	十	元	角	分	十	亿	千	百	十	万	千	百	十	元	角	分		十	亿	千	百	十	万	千	百	十	元	角	分
12	21	46	结转商品成本							3	6	2	0	0	0	0																									
12	23	54	结转销售A商品成本						2	0	0	0	0	0	0	0																									
12	23	55	结转销售B商品成本						1	0	8	0	0	0	0	0																									
12	26	61－1/2	结转销售成本							1	0	8	0	0	0	0																									
12	27	64－2/2	结转销售成本							1	0	8	0	0	0	0																									
12	27	65－2/2	结转销售成本							1	0	8	0	0	0	0																									
12	31	74	结转成本费用																		3	7	6	6	0	0	0	0													
			本月合计						3	7	6	6	0	0	0	0					3	7	6	6	0	0	0	0	平										0		

明细分类账

总账科目　其他业务收入

明细科目

2013年		记账凭证号数	摘要	页数	借方												贷方												借或贷	余额											
月	日				十	亿	千	百	十	万	千	百	十	元	角	分	十	亿	千	百	十	万	千	百	十	元	角	分		十	亿	千	百	十	万	千	百	十	元	角	分
12	24	58	销售原材料																			2	0	0	0	0	0	0													
12	31	73	结转收入							2	0	0	0	0	0	0																									
			本月合计							2	0	0	0	0	0	0						2	0	0	0	0	0	0	平										0		

明细分类账

总账科目 其他业务成本

明细科目

2013年 月	日	记账凭证号数	摘要	页数	借方（十亿千百十万千百十元角分）	贷方（十亿千百十万千百十元角分）	借或贷	余额（十亿千百十万千百十元角分）
12	24	59	结转销售材料成本		1200000			
12	31	74	结转成本费用			1200000		
			本月合计		1200000	1200000	平	0

明细分类账

总账科目 营业外收入

明细科目

2013年 月	日	记账凭证号数	摘要	页数	借方（十亿千百十万千百十元角分）	贷方（十亿千百十万千百十元角分）	借或贷	余额（十亿千百十万千百十元角分）
12	20	39－4/4	结转仓库实现利得			30750000		
12	29	71	收到违约金			500000		
12	31	73	结转收入		31250000			
			本月合计		31250000	31250000	平	0

明细分类账

总账科目　营业外支出

明细科目

2013年		记账凭证号数	摘要	页数	借方												贷方												借或贷	余额											
月	日				十	亿	千	百	十	万	千	百	十	元	角	分	十	亿	千	百	十	万	千	百	十	元	角	分		十	亿	千	百	十	万	千	百	十	元	角	分
12	11	25－4/4	结转净损益							3	2	0	0	0	0	0																									
12	13	26－2/2	盘亏打印机转销								5	0	0	0	0	0																									
12	29	72－2/2	报批处理							1	4	0	0	0	0	0																									
12	31	74	结转成本费用																			5	1	0	0	0	0	0													
			本月合计							5	1	0	0	0	0	0						5	1	0	0	0	0	0	平										0		

明细分类账

总账科目　制造费用

明细科目

2013年		记账凭证号数	摘要	页数	借方												贷方												借或贷	余额											
月	日				十	亿	千	百	十	万	千	百	十	元	角	分	十	亿	千	百	十	万	千	百	十	元	角	分		十	亿	千	百	十	万	千	百	十	元	角	分
12	10	24	计提本月折旧							4	3	0	0	0	0	0																									
12	21	44	分配制造费用																			6	6	0	0	0	0	0													
12	21	47	汇总职工薪酬							2	3	0	0	0	0	0																									
			本月合计							6	6	0	0	0	0	0						6	6	0	0	0	0	0	平										0		

明细分类账

总账科目 管理费用

明细科目

2013年		记账凭证号数	摘要	页数	借方												贷方												借或贷	余额											
月	日				十	亿	千	百	十	万	千	百	十	元	角	分	十	亿	千	百	十	万	千	百	十	元	角	分		十	亿	千	百	十	万	千	百	十	元	角	分
12	3	4	报销差旅费								1	5	0	0	0	0																									
12	6	14	支付招待费								1	0	0	0	0	0																									
12	10	24	计提本月折旧							2	6	0	0	0	0	0																									
12	20	41	缴纳税费							1	0	5	0	0	0	0																									
12	21	47	汇总职工薪酬							3	0	0	0	0	0	0																									
12	22	49	购买办公用品									3	0	0	0	0																									
12	22	50	支付差旅费									9	0	0	0	0																									
12	22	51	计提折旧								2	0	0	0	0	0																									
12	31	74	结转成本费用																			7	2	2	0	0	0	0													
			本月合计							7	2	2	0	0	0	0						7	2	2	0	0	0	0	平										0		

明细分类账

总账科目　财务费用

明细科目

2013年		记账凭证号数	摘要	页数	借方												贷方												借或贷	余额											
月	日				十	亿	千	百	十	万	千	百	十	元	角	分	十	亿	千	百	十	万	千	百	十	元	角	分		十	亿	千	百	十	万	千	百	十	元	角	分
12	7	20	归还借款利息								1	5	0	0	0	0																									
12	8	22	支付手续费								3	0	0	0	0	0																									
12	19	34－2/2	支付汇票手续费										2	9	2	5																									
12	26	62	票据到期																				8	7	7	5	0	0													
12	27	66	收到货款								6	0	0	0	0	0																									
12	31	74	结转成本费用																				1	7	5	4	2	5													
			本月合计							1	0	5	2	9	2	5						1	0	5	2	9	2	5	平										0		

明细分类账

总账科目 销售费用

明细科目

2013年		记账凭证号数	摘要	页数	借方												贷方												借或贷	余额											
月	日				十	亿	千	百	十	万	千	百	十	元	角	分	十	亿	千	百	十	万	千	百	十	元	角	分		十	亿	千	百	十	万	千	百	十	元	角	分
12	10	24	计提本月折旧							1	7	0	0	0	0	0																									
12	25	60	支付销售机构费用							1	2	5	0	0	0	0																									
12	29	69	张勇报销差旅费									9	3	0	0	0																									
12	31	74	结转成本费用																			3	0	4	3	0	0	0													
			本月合计							3	0	4	3	0	0	0						3	0	4	3	0	0	0	平										0		

明细分类账

总账科目 所得税费用

明细科目

2013年		记账凭证号数	摘要	页数	借方												贷方												借或贷	余额											
月	日				十	亿	千	百	十	万	千	百	十	元	角	分	十	亿	千	百	十	万	千	百	十	元	角	分		十	亿	千	百	十	万	千	百	十	元	角	分
12	31	75	计提本月所得税						1	4	5	9	9	1	4	4																									
12	31	76	将所得税转入本年利润																		1	4	5	9	9	1	4	4													
			本月合计						1	4	5	9	9	1	4	4					1	4	5	9	9	1	4	4	平										0		

明细分类账

总账科目 本年利润

明细科目

2013年		记账凭证号数	摘要	页数	借方												贷方												借或贷	余额											
月	日				十	亿	千	百	十	万	千	百	十	元	角	分	十	亿	千	百	十	万	千	百	十	元	角	分		十	亿	千	百	十	万	千	百	十	元	角	分
12	31	73	结转收入																	1	1	3	4	5	0	0	0	0													
12	31	74	结转成本费用						5	5	0	5	3	4	2	5																									
12	31	76	将所得税转入本年利润						1	4	5	9	9	1	4	4																									
12	31	78	结转净利润						4	3	7	9	7	4	3	1																									
			本月合计					1	1	3	4	5	0	0	0	0				1	1	3	4	5	0	0	0	0	平										0		

明细分类账

总账科目 盈余公积

明细科目 法定盈余公积

2013年		记账凭证号数	摘要	页数	借方												贷方												借或贷	余额											
月	日				十	亿	千	百	十	万	千	百	十	元	角	分	十	亿	千	百	十	万	千	百	十	元	角	分		十	亿	千	百	十	万	千	百	十	元	角	分
			期初余额																										贷					3	3	0	1	5	2	2	2
12	31	77	提取盈余公积																			4	3	7	9	7	4	3													
			本月合计																			4	3	7	9	7	4	3	贷					3	7	3	9	4	9	6	5

明细分类账

总账科目 利润分配

明细科目 未分配利润

2013年		记账凭证号数	摘要	页数	借方												贷方												借或贷	余额											
月	日				十	亿	千	百	十	万	千	百	十	元	角	分	十	亿	千	百	十	万	千	百	十	元	角	分		十	亿	千	百	十	万	千	百	十	元	角	分
			期初余额																										贷					4	6	3	8	4	7	7	8
12	31	78	结转净利润																		4	3	7	9	7	4	3	1													
12	31	79	结转利润分配							4	3	7	9	7	4	3																									
			本月合计							4	3	7	9	7	4	3					4	3	7	9	7	4	3	1	贷					8	5	8	0	2	4	6	6

明细分类账

总账科目 利润分配

明细科目 提取法定盈余公积

2013年		记账凭证号数	摘要	页数	借方												贷方												借或贷	余额											
月	日				十	亿	千	百	十	万	千	百	十	元	角	分	十	亿	千	百	十	万	千	百	十	元	角	分		十	亿	千	百	十	万	千	百	十	元	角	分
12	31	77	提取盈余公积							4	3	7	9	7	4	3																									
12	31	79	结转利润分配																			4	3	7	9	7	4	3													
			本月合计							4	3	7	9	7	4	3						4	3	7	9	7	4	3	平										0		

第三节　登记总分类账

总　分　类　账

科目名称 库存现金

2013年		凭证编号	摘　要	借　方										贷　方										借或贷	余　额									
月	日			千	百	十	万	千	百	十	元	角	分	千	百	十	万	千	百	十	元	角	分		千	百	十	万	千	百	十	元	角	分
			期初余额																					借				3	5	0	0	0	0	0
12	31		汇总1－79号凭证						5	7	0	0	0				1	0	8	0	0	0	0	借				2	4	7	7	0	0	0

总　分　类　账

科目名称 银行存款

2013年		凭证编号	摘　要	借　方										贷　方										借或贷	余　额									
月	日			千	百	十	万	千	百	十	元	角	分	千	百	十	万	千	百	十	元	角	分		千	百	十	万	千	百	十	元	角	分
			期初余额																					借		3	5	2	0	0	0	0	0	0
12	31		汇总1－79号凭证		2	5	6	8	8	6	5	0	0		2	6	8	5	0	6	9	2	5	借		3	4	0	3	7	9	5	7	5

总分类账

科目名称 其他货币资金

2013年		凭证编号	摘要	借方										贷方										借或贷	余额									
月	日			千	百	十	万	千	百	十	元	角	分	千	百	十	万	千	百	十	元	角	分		千	百	十	万	千	百	十	元	角	分
12	31		汇总1－79号凭证			9	0	0	0	0	0	0	0			3	1	1	0	0	0	0	0	借			5	8	9	0	0	0	0	0

总分类账

科目名称 应收票据

2013年		凭证编号	摘要	借方										贷方										借或贷	余额									
月	日			千	百	十	万	千	百	十	元	角	分	千	百	十	万	千	百	十	元	角	分		千	百	十	万	千	百	十	元	角	分
			期初余额																					借			4	0	0	0	0	0	0	0
12	31		汇总1－79号凭证				3	5	1	0	0	0	0			3	8	1	0	0	0	0	0	借				5	4	1	0	0	0	0

总分类账

科目名称 应收账款

年		凭证编号	摘要	借方										贷方										借或贷	余额									
月	日			千	百	十	万	千	百	十	元	角	分	千	百	十	万	千	百	十	元	角	分		千	百	十	万	千	百	十	元	角	分
			期初余额																					借			8	8	0	0	0	0	0	0
12	31		汇总1－79号凭证			4	5	3	6	9	0	0	0			4	0	1	0	0	0	0	0	借			9	3	2	6	9	0	0	0

总　分　类　账

科目名称　坏账准备

年		凭证编号	摘要	借方										贷方										借或贷	余额									
月	日			千	百	十	万	千	百	十	元	角	分	千	百	十	万	千	百	十	元	角	分		千	百	十	万	千	百	十	元	角	分
			期初余额																					贷				8	8	0	0	0	0	0
12	31		汇总1－79号凭证				5	0	0	0	0	0	0											贷				3	8	0	0	0	0	0

总　分　类　账

科目名称　预付账款

年		凭证编号	摘要	借方										贷方										借或贷	余额									
月	日			千	百	十	万	千	百	十	元	角	分	千	百	十	万	千	百	十	元	角	分		千	百	十	万	千	百	十	元	角	分
			汇总1－79号凭证			3	1	0	0	0	0	0	0			3	1	0	0	0	0	0	0	平								0		

总　分　类　账

科目名称　其他应收款

年		凭证编号	摘要	借方										贷方										借或贷	余额									
月	日			千	百	十	万	千	百	十	元	角	分	千	百	十	万	千	百	十	元	角	分		千	百	十	万	千	百	十	元	角	分
			汇总1－79号凭证				1	4	9	0	0	0	0					3	0	0	0	0	0	借				1	1	9	0	0	0	0

总 分 类 账

科目名称 原材料

年		凭证编号	摘 要	借方										贷方										借或贷	余额									
月	日			千	百	十	万	千	百	十	元	角	分	千	百	十	万	千	百	十	元	角	分		千	百	十	万	千	百	十	元	角	分
			期初余额																					借			7	5	0	0	0	0	0	0
12	31		汇总1－79号凭证		1	3	9	4	4	3	0	0	0			4	9	2	0	0	0	0	0	借		1	6	5	2	4	3	0	0	0

总 分 类 账

科目名称 在途物资

2013年		凭证编号	摘 要	借方										贷方										借或贷	余额									
月	日			千	百	十	万	千	百	十	元	角	分	千	百	十	万	千	百	十	元	角	分		千	百	十	万	千	百	十	元	角	分
12	31		汇总1－79号凭证			5	0	1	5	0	0	0	0			5	0	1	5	0	0	0	0	平								0		

总 分 类 账

科目名称 库存商品

2013年		凭证编号	摘 要	借方										贷方										借或贷	余额									
月	日			千	百	十	万	千	百	十	元	角	分	千	百	十	万	千	百	十	元	角	分		千	百	十	万	千	百	十	元	角	分
			期初余额																					借			6	0	8	0	0	0	0	0
12	31		汇总1－79号凭证			3	5	2	0	0	0	0	0			3	7	6	6	0	0	0	0	借			5	8	3	4	0	0	0	0

总 分 类 账

科目名称 生产成本

2013年		凭证编号	摘要	借方										贷方										借或贷	余额									
月	日			千	百	十	万	千	百	十	元	角	分	千	百	十	万	千	百	十	元	角	分		千	百	十	万	千	百	十	元	角	分
			期初余额																					借			1	3	1	0	0	0	0	0
12	31		汇总1－79号凭证			6	2	6	0	0	0	0	0			3	4	4	0	0	0	0	0	借			4	1	3	0	0	0	0	0

总 分 类 账

科目名称 固定资产

年		凭证编号	摘要	借方										贷方										借或贷	余额									
月	日			千	百	十	万	千	百	十	元	角	分	千	百	十	万	千	百	十	元	角	分		千	百	十	万	千	百	十	元	角	分
			期初余额																					借		3	0	0	0	0	0	0	0	0
12	31		汇总1－79号凭证			2	3	8	0	0	0	0	0		1	3	4	5	0	0	0	0	0	借		1	8	9	3	0	0	0	0	0

总 分 类 账

科目名称 累计折旧

年		凭证编号	摘要	借方										贷方										借或贷	余额									
月	日			千	百	十	万	千	百	十	元	角	分	千	百	十	万	千	百	十	元	角	分		千	百	十	万	千	百	十	元	角	分
			期初余额																					贷		1	0	0	9	0	0	0	0	0
12	31		汇总1－79号凭证			9	7	6	0	0	0	0	0				9	0	0	0	0	0	0	贷			1	2	3	0	0	0	0	0

总分类账

科目名称 在建工程

2013年		凭证编号	摘要	借方										贷方										借或贷	余额									
月	日			千	百	十	万	千	百	十	元	角	分	千	百	十	万	千	百	十	元	角	分		千	百	十	万	千	百	十	元	角	分
12	31		汇总1－79号凭证			2	0	8	0	0	0	0	0			2	0	8	0	0	0	0	0	平								0		

总分类账

科目名称 固定资产清理

2013年		凭证编号	摘要	借方										贷方										借或贷	余额									
月	日			千	百	十	万	千	百	十	元	角	分	千	百	十	万	千	百	十	元	角	分		千	百	十	万	千	百	十	元	角	分
12	31		汇总1－79号凭证			7	0	2	0	0	0	0	0			7	0	2	0	0	0	0	0	平								0		

总分类账

科目名称 待处理财产损溢

年		凭证编号	摘要	借方										贷方										借或贷	余额									
月	日			千	百	十	万	千	百	十	元	角	分	千	百	十	万	千	百	十	元	角	分		千	百	十	万	千	百	十	元	角	分
12	31		汇总1－79号凭证				3	0	9	0	0	0	0				3	0	9	0	0	0	0	平								0		

总　分　类　账

科目名称　无形资产

年		凭证编号	摘　要	借　方										贷　方										借或贷	余　额									
月	日			千	百	十	万	千	百	十	元	角	分	千	百	十	万	千	百	十	元	角	分		千	百	十	万	千	百	十	元	角	分
12	31		汇总1－79号凭证			2	0	0	0	0	0	0	0											借			2	0	0	0	0	0	0	0

总　分　类　账

科目名称　短期借款

年		凭证编号	摘　要	借　方										贷　方										借或贷	余　额									
月	日			千	百	十	万	千	百	十	元	角	分	千	百	十	万	千	百	十	元	角	分		千	百	十	万	千	百	十	元	角	分
			期初余额																					贷		1	2	9	0	0	0	0	0	0
12	31		汇总1－79号凭证				8	0	0	0	0	0	0			2	0	0	0	0	0	0	0	贷		1	4	1	0	0	0	0	0	0

总　分　类　账

科目名称　应付票据

年		凭证编号	摘　要	借　方										贷　方										借或贷	余　额									
月	日			千	百	十	万	千	百	十	元	角	分	千	百	十	万	千	百	十	元	角	分		千	百	十	万	千	百	十	元	角	分
			期初余额																					贷				5	5	0	0	0	0	0
12	31		汇总1－79号凭证														5	8	5	0	0	0	0	贷			1	1	3	5	0	0	0	0

总　分　类　账

科目名称　应付账款

年		凭证编号	摘要	借方										贷方										借或贷	余额									
月	日			千	百	十	万	千	百	十	元	角	分	千	百	十	万	千	百	十	元	角	分		千	百	十	万	千	百	十	元	角	分
			期初余额																					贷		1	0	0	0	0	0	0	0	0
12	31		汇总1－79号凭证			2	0	0	0	0	0	0	0			2	3	4	0	0	0	0	0	平		1	0	3	4	0	0	0	0	0

总　分　类　账

科目名称　应交税费

年		凭证编号	摘要	借方										贷方										借或贷	余额									
月	日			千	百	十	万	千	百	十	元	角	分	千	百	十	万	千	百	十	元	角	分		千	百	十	万	千	百	十	元	角	分
			期初余额																					贷					1	0	0	0	0	0
12	31		汇总1－79号凭证			2	8	0	6	7	0	0	0			3	3	9	0	8	1	4	4	贷				5	9	4	1	1	4	4

总　分　类　账

科目名称　应付职工薪酬

年		凭证编号	摘要	借方										贷方										借或贷	余额									
月	日			千	百	十	万	千	百	十	元	角	分	千	百	十	万	千	百	十	元	角	分		千	百	十	万	千	百	十	元	角	分
			期初余额																					贷				7	0	0	0	0	0	0
12	31		汇总1－79号凭证			1	8	3	0	0	0	0	0			1	4	2	2	0	0	0	0	贷				2	9	2	0	0	0	0

总 分 类 账

科目名称 其他应付款

年		凭证编号	摘要	借方										贷方										借或贷	余额									
月	日			千	百	十	万	千	百	十	元	角	分	千	百	十	万	千	百	十	元	角	分		千	百	十	万	千	百	十	元	角	分
			期初余额																					贷				1	7	0	0	0	0	0
12	31		汇总 1－79 号凭证															2	0	0	0	0	0	贷				1	9	0	0	0	0	0

总 分 类 账

科目名称 实收资本

年		凭证编号	摘要	借方										贷方										借或贷	余额									
月	日			千	百	十	万	千	百	十	元	角	分	千	百	十	万	千	百	十	元	角	分		千	百	十	万	千	百	十	元	角	分
			期初余额																					贷		5	0	0	0	0	0	0	0	0
12	31		汇总 1－79 号凭证													7	0	0	0	0	0	0	0	贷		5	7	0	0	0	0	0	0	0

总 分 类 账

科目名称 主营业务收入

年		凭证编号	摘要	借方										贷方										借或贷	余额									
月	日			千	百	十	万	千	百	十	元	角	分	千	百	十	万	千	百	十	元	角	分		千	百	十	万	千	百	十	元	角	分
12	31		汇总 1－79 号凭证			8	0	2	0	0	0	0	0			8	0	2	0	0	0	0	0	平								0		

总　分　类　账

科目名称 其他业务收入

年		凭证编号	摘要	借方										贷方										借或贷	余额									
月	日			千	百	十	万	千	百	十	元	角	分	千	百	十	万	千	百	十	元	角	分		千	百	十	万	千	百	十	元	角	分
12	31		汇总1－79号凭证				2	0	0	0	0	0	0				2	0	0	0	0	0	0	平								0		

总　分　类　账

科目名称 主营业务成本

年		凭证编号	摘要	借方										贷方										借或贷	余额									
月	日			千	百	十	万	千	百	十	元	角	分	千	百	十	万	千	百	十	元	角	分		千	百	十	万	千	百	十	元	角	分
12	31		汇总1－79号凭证			3	7	6	6	0	0	0	0			3	7	6	6	0	0	0	0	平								0		

总　分　类　账

科目名称 其他业务成本

年		凭证编号	摘要	借方										贷方										借或贷	余额									
月	日			千	百	十	万	千	百	十	元	角	分	千	百	十	万	千	百	十	元	角	分		千	百	十	万	千	百	十	元	角	分
12	31		汇总1－79号凭证				1	2	0	0	0	0	0				1	2	0	0	0	0	0	平								0		

总　分　类　账

科目名称　制造费用

年		凭证编号	摘要	借方										贷方										借或贷	余额									
月	日			千	百	十	万	千	百	十	元	角	分	千	百	十	万	千	百	十	元	角	分		千	百	十	万	千	百	十	元	角	分
12	31		汇总1－79号凭证				6	6	0	0	0	0	0				6	6	0	0	0	0	0	平								0		

总　分　类　账

科目名称　管理费用

年		凭证编号	摘要	借方										贷方										借或贷	余额									
月	日			千	百	十	万	千	百	十	元	角	分	千	百	十	万	千	百	十	元	角	分		千	百	十	万	千	百	十	元	角	分
12	31		汇总1－79号凭证				7	2	2	0	0	0	0				7	2	2	0	0	0	0	平								0		

总　分　类　账

科目名称　销售费用

年		凭证编号	摘要	借方										贷方										借或贷	余额									
月	日			千	百	十	万	千	百	十	元	角	分	千	百	十	万	千	百	十	元	角	分		千	百	十	万	千	百	十	元	角	分
12	31		汇总1－79号凭证				3	0	4	3	0	0	0				3	0	4	3	0	0	0	平								0		

总 分 类 账

科目名称 财务费用

年		凭证编号	摘要	借方										贷方										借或贷	余额									
月	日			千	百	十	万	千	百	十	元	角	分	千	百	十	万	千	百	十	元	角	分		千	百	十	万	千	百	十	元	角	分
12	31		汇总1－79号凭证				1	0	5	2	9	2	5				1	0	5	2	9	2	5	平								0		

总 分 类 账

科目名称 营业税金及附加

年		凭证编号	摘要	借方										贷方										借或贷	余额									
月	日			千	百	十	万	千	百	十	元	角	分	千	百	十	万	千	百	十	元	角	分		千	百	十	万	千	百	十	元	角	分
12	31		汇总1－79号凭证					6	5	5	0	0	0					6	5	5	0	0	0	平								0		

总 分 类 账

科目名称 营业外收入

年		凭证编号	摘要	借方										贷方										借或贷	余额									
月	日			千	百	十	万	千	百	十	元	角	分	千	百	十	万	千	百	十	元	角	分		千	百	十	万	千	百	十	元	角	分
12	31		汇总1－79号凭证			3	1	2	5	0	0	0	0			3	1	2	5	0	0	0	0	平								0		

总　分　类　账

科目名称＿营业外支出＿

年		凭证编号	摘　要	借　方										贷　方										借或贷	余　额									
月	日			千	百	十	万	千	百	十	元	角	分	千	百	十	万	千	百	十	元	角	分		千	百	十	万	千	百	十	元	角	分
12	31		汇总1－79号凭证				5	1	0	0	0	0	0				5	1	0	0	0	0	0	平								0		

总　分　类　账

科目名称＿所得税费用＿

年		凭证编号	摘　要	借　方										贷　方										借或贷	余　额									
月	日			千	百	十	万	千	百	十	元	角	分	千	百	十	万	千	百	十	元	角	分		千	百	十	万	千	百	十	元	角	分
12	31		汇总1－79号凭证			1	4	5	9	9	1	4	4			1	4	5	9	9	1	4	4	平								0		

总　分　类　账

科目名称＿本年利润＿

年		凭证编号	摘　要	借　方										贷　方										借或贷	余　额									
月	日			千	百	十	万	千	百	十	元	角	分	千	百	十	万	千	百	十	元	角	分		千	百	十	万	千	百	十	元	角	分
12	31		汇总1－79号凭证		1	1	3	4	5	0	0	0	0		1	1	3	4	5	0	0	0	0	平								0		

总　分　类　账

科目名称　利润分配

年		凭证编号	摘　要	借　方										贷　方										借或贷	余　额									
月	日			千	百	十	万	千	百	十	元	角	分	千	百	十	万	千	百	十	元	角	分		千	百	十	万	千	百	十	元	角	分
			期初余额																					贷			4	6	3	8	4	7	7	8
12	31		汇总1－79号凭证				8	7	5	9	4	8	6			4	8	1	7	7	1	7	4	贷			8	5	8	0	2	4	6	6

总　分　类　账

科目名称　盈余公积

年		凭证编号	摘　要	借　方										贷　方										借或贷	余　额									
月	日			千	百	十	万	千	百	十	元	角	分	千	百	十	万	千	百	十	元	角	分		千	百	十	万	千	百	十	元	角	分
			期初余额																					贷			3	3	0	1	5	2	2	2
12	31		汇总1－79号凭证														4	3	7	9	7	4	3	贷			3	7	3	9	4	9	6	5

第九章

会计报表

第一节　会计报表的概述

一、会计报表的含义

会计报表的含义如图9－1所示。

会计报表的含义

- 会计报表，是指企业对外提供的反映企业某一特定日期的财务状况和某一会计期间的经营成果、现金流量等会计信息的文件
- 会计报表是财务会计报告的主要组成部分。它是根据会计账簿记录和有关资料，按照规定的报表格式，总括反映一定期间的经济活动和财务收支情况及其结果的一种报告文件

图9－1　会计报表的含义

二、会计报表的分类

会计报表的分类如表9－1所示。

表9－1　会计报表的分类

类别	具体内容	
按反映的经济内容分类	资产负债表	资产负债表是指反映企业在某一特定日期财务状况的会计报表
按反映的经济内容分类	利润表	利润表是指反映企业在一定会计期间经营成果的会计报表
按反映的经济内容分类	现金流量表	现金流量表是指反映企业在一定会计期间现金和现金等价物流入和流出的会计报表
按反映的资金运动形态分类	静态会计报表	静态会计报表是指反映企业在特定时期终了时，经济指标处于相对静止状态的报表，如资产负债表
按反映的资金运动形态分类	动态会计报表	动态会计报表是指反映企业在特定时期内完成的经济指标的报表，如利润表
按反映的资金运动形态分类	静态与动态相结合的会计报表	静态与动态相结合的会计报表是指既反映特定时期终了时的经济指标，又反映在特定时期内完成的经济指标的报表，如现金流量表、所有者权益变动表

（续表）

类别	具体内容	
按编制的时期分类	月度会计报表	月度会计报表简称月报，是指月度编制的计算报告，如资产负债表、利润表
	年度会计报表	年度会计报表简称年报，是指年度编制的决算报告。除了包括月度会计报表外，还有现金流量表、所有者权益变动表
按编制单位分类	企业会计报表	企业会计报表是指独立法人企业编制的反映本企业情况的报表
	合并会计报表	合并会计报表是指反映母公司和其全部子公司形成的企业集团整体财务状况、经营成果和现金流量的会计报表

三、会计报表的作用

会计报表的作用如图 9－2 所示。

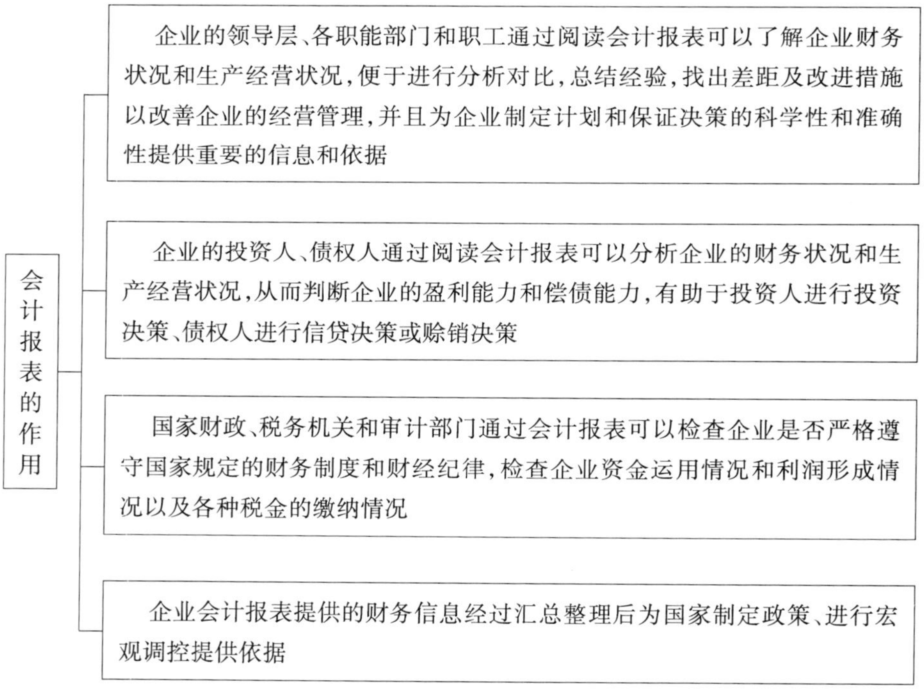

图 9－2　会计报表的作用

四、会计报表的使用者

通常会计报表的使用者包括企业的投资者、债权人、政府经济管理机构、供应商、社会公众、企事业的经营决策者和员工。他们出于不同目的使用会计报表，因此需要的信息不同，关注的角度不同，采用的分析程序和方法也会有一定的差别。会计报表的使用者及其内容如表9－2所示。

表9－2 会计报表的使用者及其内容

使用者	具体内容
投资者	投资者是企业的所有者，包括国家、法人、外商、个人等。他们必须全面了解企业的财务状况，进而评价企业的获利能力，评价企业长期发展的可能性，确定企业的偿债能力，评估企业的利润分配政策，最终目的是为了进行合理的投资决策
债权人	债权人包括银行、非金融机构等。因不能参与企业剩余收益分享，决定了债权人必须对其贷款的安全性予以关注。他们通过阅读会计报表来评价企业的偿债能力，并以之作为是否可以贷款、是否能够继续贷款、以前的贷款能否收回等决策的依据
政府经济管理机构	政府经济管理机构也是企业会计报表的使用人，包括财政税务部门、工商管理部门、证券管理机构、会计监管机构、审计机构等。他们是为了履行自己的监督管理职责而使用会计报表，通过考察企业的财务及经营状况，检查企业是否遵守各项政策法规。评价企业的经营业绩，并分析企业对社会所作出的贡献
供应商	供应商因向企业提供商品或劳务后也成为企业的债权人，因此他们必须判断企业能否在规定时限内支付所购商品或劳务的价款。供应商一般都愿意优先给偿债能力强、信用程度高的企业提供商品或劳务
社会公众	社会公众是企业潜在的合作者。他们通过企业提供的会计信息，可以分析和掌握企业的获利能力、经营能力、支付能力、股利分配等相关信息，从而有可能发展成为企业的投资者、债权人、供应商等，他们是企业生存的基础
企业的经营决策者	企业的经营决策者依据会计信息，来分析评价企业财务状况，总结生产经营经验，提出企业经营中存在的问题，以便调整企业的经营决策、修正经营方案、完善制度、改进措施，让经营决策建立在可靠的基础上
员工	员工是企业最直接的利益相关者。企业的现在和将来，企业的经营和理财，企业的生存和发展，企业的好与坏，都直接影响到企业员工的切身利益。从这个意义上说，员工必定关心企业的发展情况，以便进行合理的就业决策

五、会计报表的编制要求

会计报表的编制要求如图9－3所示。

- 会计报表的编制要求
  - 计算准确：会计报表必须在账账相符、账证相符的基础上编制，并认真计算报表中的各项指标，做到账表相符，以保证财务信息的准确性
  - 数字真实：会计报表是一个信息系统，要求各项数字真实，以客观地反映企业的生产经营状况和经营业绩
  - 内容完整：会计报表必须全面地反映企业生产经营状况和经营业绩，因为各会计报表之间、会计报表各项指标之间是互相联系、互为补充的，所以企业要按照国家统一规定的报表种类、格式和内容进行填报，不得漏编、漏报
  - 报送及时：会计报表必须在规定的期限内及时报送，使投资人、债权人、财政、税务和上级主管部门及时了解企业的财务状况和经营业绩，以保证财务信息对使用者进行决策的时效性

图 9－3　会计报表的编制要求

第二节　资产负债表

一、资产负债表的定义及作用

资产负债表的定义及作用如图 9 －4 所示。

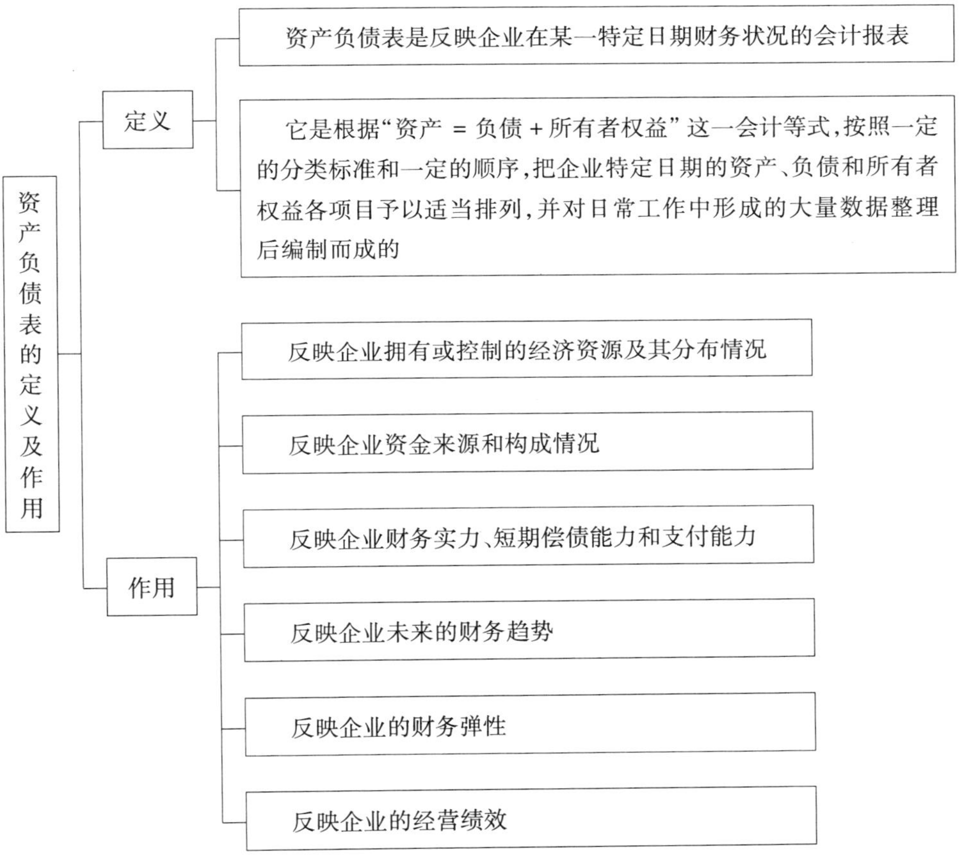

图 9 －4　资产负债表的定义及作用

二、资产负债表的格式

资产负债表的格式如图 9 －5 所示。

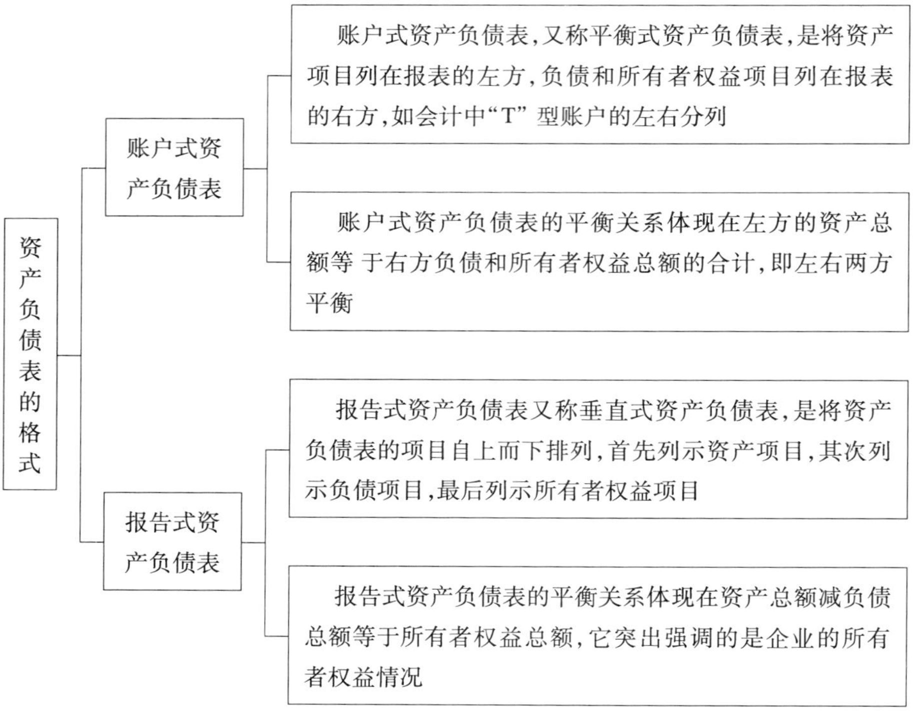

图 9－5　资产负债表的格式

三、资产负债表的结构

资产负债表的结构如图 9－6 所示。

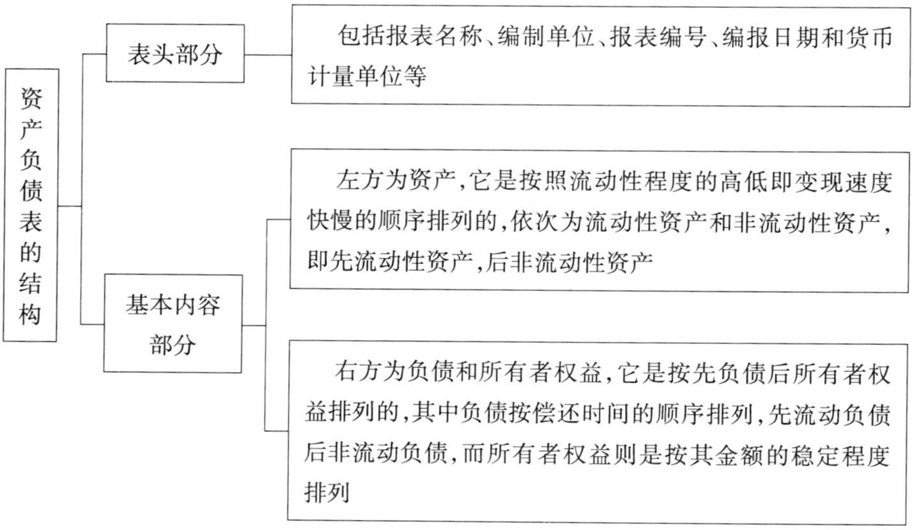

图 9－6　资产负债表的结构

四、资产负债表的填列方法

资产负债表的填列方法如表 9－3 所示。

表 9－3　资产负债表的填列方法

项目	内容	填列方法
货币资金	反映企业库存现金、银行存款、外埠存款、银行汇票存款等的合计	本项目应根据“库存现金”“银行存款”“其他货币资金”科目的期末余额合计填列
交易性金融资产	反映企业为交易的目的而持有的债券投资、股票投资、基金投资、权证投资等金融资产	本科目应根据“交易性金融资产”科目的期末余额填列
应收票据	反映企业因销售商品、提供劳务等而收到的商业汇票，包括商业承兑汇票和银行承兑汇票	本项目应根据“应收票据”科目的期末余额减去“坏账准备”科目中有关应收票据计提的坏账准备期末余额后的金额填列
应收利息	反映企业应收取的债券投资等的利息	本项目应根据“应收利息”科目的期末余额减去“坏账准备”科目中有关应收利息计提的坏账准备期末余额后的金额填列
应收股利	反映企业应收取的现金股利和应收取其他单位分配的利润	本项目应根据“应收股利”科目的期末余额减去“坏账准备”科目中有关应收股利计提坏账准备期末余额后的金额填列
应收账款	反映企业因销售商品、产品或提供劳务等，应向购买单位或接受劳务单位收取的款项	本项目应根据“应收账款”科目和“预收账款”科目所属各明细科目的期末借方余额合计，减去“坏账准备”科目中有关应收账款计提的坏账准备期末余额后的金额填列；如“应收账款”科目所属明细科目期末有贷方余额，应在本表中增设“预收账款”项目填列
其他应收款	反映企业对其他单位和个人的应收和暂付的款项	本项目应根据“其他应收款”科目的期末余额，减去“坏账准备”科目中有关其他应收款计提的坏账准备期末余额后的金额填列

（续表）

项目	内容	填列方法
存货	反映企业期末在库、在途和在加工中的各项存货的可变现净值	本项目应根据“材料采购”“原材料”“周转材料”“库存商品”“委托加工物资”“委托代销商品”“生产成本”等科目的期末余额合计，减去“受托代销商品款”“存货跌价准备”科目期末余额后的金额填列。材料采用计划成本核算，以及库存商品采用计划成本或售价核算的企业，应按加或减材料成本差异、商品进销差价后的金额填列
长期待摊费用	反映企业已经发生但应由本期和以后各期分期摊销的费用	本项目应根据“长期待摊费用”科目的期末余额减去将于1年内(含1年)摊销的数额后的金额填列
其他非流动资产	反映企业除长期股权投资、固定资产、在建工程、工程物资、无形资产等以外的其他非流动资产	本项目应根据有关科目的期末余额填列
长期股权投资	反映企业持有的对子公司、联营企业和合营企业的长期股权投资	本项目应根据“长期股权投资”科目的期末余额减去“长期股权投资减值准备”科目的期末余额后的金额填列
开发支出	反映企业开发无形资产过程中能够资本化形成无形资产的成本	本项目应根据“研发支出”中所属的资本化支出明细科目期末余额填列
1年内到期的非流动资产	反映企业将于1年内到期的非流动资产项目金额	本项目应根据有关科目的期末余额填列
工程物资	反映企业各项工程尚未使用的工程物资的实际成本	本项目应根据“工程物资”科目的期末余额填列
无形资产	反映企业持有的各项无形资产的账面余额	本项目应根据“无形资产”科目的期末余额减去“累计摊销”和“无形资产减值准备”科目期末余额后的金额填列
在建工程	反映企业期末各项未完工程的实际支出，包括交付安装的设备价值，未完建筑安装工程已经耗用的材料、工资和费用支出，预付出包工程的价款等的可收回金额	本项目应根据“在建工程”科目的期末余额减去“在建工程减值准备”科目期末余额后的金额填列

（续表）

项目	内容	填列方法
固定资产清理	反映企业因出售、毁损、报废等原因转入清理但尚未清理完毕的固定资产的净值，以及固定资产清理过程中所发生的清理费用和变价收入等各项金额的差额	本项目应根据“固定资产清理”科目的期末借方余额填列；如“固定资产清理”科目期末为贷方余额，以“－”号填列
短期借款	反映企业借入尚未归还的1年期以下（含1年）的借款	本项目应根据“短期借款”科目的期末余额填列
应付票据	反映企业购买材料商品和接受劳务供应等而开出承兑的商业汇票，包括银行承兑汇票和商业承兑汇票	本项目应根据“应付票据”科目的期末余额填列
应付账款	反映企业因购买原材料、商品和接受劳务供应等而应付给供应单位的款项	本项目应根据“应付账款”科目和“预付账款”科目所属各有关明细科目的期末贷方余额合计填列；如“应付账款”科目所属各明细科目期末为借方余额，应在本表内增设“预付账款”项目填列
应付职工薪酬	反映企业根据有关规定应付给职工的工资、职工福利、社会保险费、住房公积金、工会经费、职工教育经费、非货币性福利、辞退福利等薪酬	本项目应根据“应付职工薪酬”科目期末贷方余额填列；如“应付职工薪酬”科目期末为借方余额，以“－”号填列
应交税费	反映企业按税法规定计算应缴纳的各种税费	本项目应根据“应交税费”科目的期末贷方余额填列；如“应交税费”科目期末为借方余额，以“－”号填列
应付利息	反映企业按规定应当支付的利息	本项目应根据“应付利息”科目的期末余额填列
其他应付款	反映企业所有应付和暂收的其他单位和个人的款项	本项目应根据“其他应付款”科目的期末余额填列
其他非流动负债	反映企业除长期借款、应付债券等项目以外的其他非流动负债	本项目应根据有关科目期末余额减去将于1年内（含1年）到期偿还数后的余额填列
1年内到期的非流动负债	反映企业非流动负债中将于资产负债表日后1年内到期部分的金额	本项目应根据有关科目的期末余额填列

（续表）

项目	内容	填列方法
应付债券	反映企业为筹集长期资金而发行的债券本金和利息	本项目应根据“应付债券”科目的期末余额填列
长期借款	反映企业借入尚未归还的1年期以上（不含1年）的借款本息	本项目应根据“长期借款”科目的期末余额填列
实收资本	反映企业各投资者实际投入的资本总额	本项目应根据“实收资本”科目的期末余额填列
资本公积	反映企业资本公积的期末余额	本项目应根据“资本公积”科目的期末余额填列
盈余公积	反映企业盈余公积的期末余额	本项目应根据“盈余公积”科目的期末余额填列
未分配利润	反映企业尚未分配的利润	本项目应根据“本年利润”科目和“利润分配”科目的余额计算填列。未弥补的亏损，在本项目内以“－”号填列

五、亨利公司2013年12月31日资产负债表

亨利公司2013年12月31日的资产负债表如表9－4所示。

表9－4　资产负债表

编制单位：亨利公司　　2013年12月31日　　单位：元

资产	期初数	期末数	负债及所有者权益	期初数	期末数
流动资产：			流动负债：		
货币资金	3 555 000.00	4 017 565.75	短期借款	1 290 000.00	1 410 000.00
交易性金融资产			交易性金融负债		
应收票据	400 000.00	54 100.00	应付票据	55 000.00	113 500.00
应收账款	792 000.00	894 690.00	应付账款	1 000 000.00	1 034 000.00
预付账款			预收账款		
应收利息			应付职工薪酬	70 000.00	29 200.00
应收股利			应交税费	1 000.00	59 411.44
其他应收款		11 900.00	应付利息		
存货	1 489 000.00	2 648 830.00	应付股利		

（续表）

资产	期初数	期末数	负债及所有者权益	期初数	期末数
一年内到期的非流动资产			其他应付款	17 000.00	19 000.00
其他流动资产			一年内到期的非流动负债		
流动资产合计：	6 236 000.00	7 627 085.75	其他流动负债		
非流动资产：			流动负债合计：	2 433 000.00	2 665 111.44
可供出售金融资产			非流动负债：		
持有至到期投资			长期借款		
长期应收款			应付债券		
长期股权投资			长期应付款		
投资性房地产			专项应付款		
固定资产	1 991 000.00	1 770 000.00	预计负债		
在建工程			递延所得税负债		
工程物资			其他非流动负债		
固定资产清理			非流动负债合计：		
生产性生物资产			负债合计	2 433 000.00	2 665 111.44
油气资产			所有者权益：		
无形资产		200 000.00	实收资本	5 000 000.00	5 700 000.00
开发支出			资本公积		
商誉			减：库存股		
长期待摊费用			盈余公积	330 152.22	373 949.65
递延所得税资产			未分配利润	463 847.78	858 024.66
其他非流动资产			所有者权益合计：	5 794 000.00	6 931 974.31
非流动资产合计	1 991 000.00	1 970 000.00			
资产总计	8 227 000.00	9 597 085.75	负债和所有者权益总计	8 227 000.00	9 597 085.75

第三节　利润表

一、利润表的定义及作用

利润表的定义及作用如图 9－7 所示。

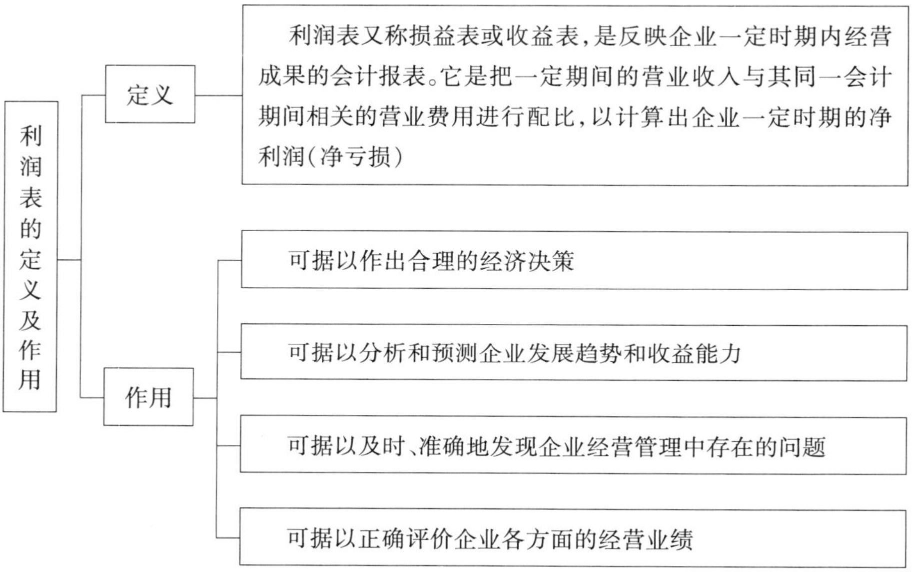

图 9－7　利润表的定义及作用

二、利润表的格式

利润表的格式如表 9－5 所示。

表 9－5　利润表的格式

类型	具体内容
单步式利润表	单步式利润表是将汇总的本期收入的合计数与各项成本、费用的合计数相抵后，一次计算求得本期最终损益
	这种格式比较简单，便于编制，但是缺少利润构成情况的详细资料，一些有意义的中间信息，如销售毛利、营业利润均未直接反映，不利于企业不同期间利润表与行业间利润表的纵向和横向的比较、分析

（续表）

类型	具体内容
多步式利润表	多步式利润表是指按照净利润形成的主要环节将各项收入与相关成本费用项目按不同性质归类，形成各种净收入，最后计算企业的净利润或净亏损数额
	这种格式注重了收入与成本费用配比的层次性，从而得出一些中间性的利润数据，与单步式利润表相比，能够提供更为丰富的信息
	多步式利润表有利于报表使用者从不同的利润项目中了解企业经营成果的不同来源，有利于对生产经营情况进行分析，有利于利润表的纵向和横向比较

三、利润表的结构

利润表的结构如表9－6所示。

表9－6　利润表的结构

结构	具体内容	
表首	表首主要填制报表名称、编制单位、计量单位、报表编号以及报表编制的时间。需要强调的是，利润表的编表日期一般填写“某年某月”或“某个会计年度”，因为利润表是反映某一个期间损益的动态报表	
基本部分	基本部分是利润表的主体，列示其具体项目，主要反映收入、成本、费用和利润各项目的具体内容及其相互关系	营业利润＝营业收入－营业成本－营业税金及附加－销售费用－管理费用－财务费用－资产减值损失＋公允价值变动收益－公允价值变动损失＋投资收益－投资损失
		利润总额＝营业利润＋营业外收入－营业外支出
		净利润＝利润总额－所得税费用
补充资料	主要列示那些影响本期会计报表金额或未来经营活动，以及有助于报表使用者准确地分析企业经营成果的事项等，同时在本期利润表中无法或不便于表达的，均列于报表的补充资料进行揭示	

四、利润表的填制方法

利润表的填制方法如表9－7所示。

表 9－7　利润表的填制方法

项目	内容	填列方法
营业收入	反映企业经营主要业务和其他业务所确认的收入总额	本项目应根据“主营业务收入”和“其他业务收入”科目的发生额分析填列
营业成本	反映企业经营主要业务和其他业务所发生的成本总额	本项目应根据“主营业务成本”和“其他业务成本”科目的发生额分析填列
营业税金及附加	反映企业经营主要业务应负担的营业税、消费税、城市维护建设税、资源税、土地增值税和教育费附加等	本项目应根据“营业税金及附加”科目的发生额分析填列
销售费用	反映企业在销售商品过程中发生的包装费、广告费等费用和为销售本企业商品而专设的销售机构的职工薪酬、业务费等经营费用	本项目应根据“销售费用”科目的发生额分析填列
管理费用	反映企业为组织和管理生产经营活动而发生的管理费用	本项目应根据“管理费用”科目的发生额分析填列
财务费用	反映企业为筹集生产经营所需资金而发生的费用	本项目应根据“财务费用”科目的发生额分析填列
资产减值损失	反映企业各项资产发生的减值损失	本项目应根据“资产减值损失”科目的发生额分析填列
公允价值变动收益	反映企业应当计入当期损益的资产或负债公允价值变动收益	本项目应根据“公允价值变动损益”科目的发生额分析填列。如为净损失，本项目以“－”号填列
投资收益	反映企业以各种方式对外投资所取得的收益	本项目应根据“投资收益”科目的发生额分析填列；如为投资损失，以“－”号填列
营业外收入	反映企业发生的与其生产经营无直接关系的各项收入	本项目应根据“营业外收入”科目的发生额分析填列
营业外支出	反映企业发生的与其生产经营无直接关系的各项支出	本项目应根据“营业外支出”科目的发生额分析填列
利润总额	反映企业实现的利润总额	如为亏损总额，以“－”号填列
所得税费用	反映企业应从当期利润总额中扣除的所得税费用	本项目应根据“所得税费用”科目的发生额分析填列
净利润	反映企业实现的净利润	如为净亏损，以“－”号填列

五、亨利公司 2013 年度 12 月份利润表

亨利公司 2013 年度 12 月份利润表如表 9－8 所示。

表 9－8 利润表

编制单位：亨利公司　　　2013 年 12 月　　　单位：元

项目	本月数	本年累计数
一、营业收入	822 000	略
减：营业成本	388 600	
营业税金及附加	6 550	
销售费用	30 430	
管理费用	72 200	
财务费用	1 754. 25	
资产减值损失		
加：公允价值变动收益（损失以"－"号填列）		
投资收益（损失以"－"号填列）		
其中：对联营企业和合营企业的投资收益		
二、营业利润（亏损以"－"号填列）	322 465. 75	
加：营业外收入	312 500	
减：营业外支出	51 000	
其中：非流动资产处置损失		
三、利润总额（亏损总额以"－"号填列）	583 965. 75	
减：所得税费用	145 991. 44	
四、净利润（净亏损以"－"号填列）	437 974. 31	
五、每股收益		
（一）基本每股收益		
（二）稀释每股收益		